지금 해야 늦지 않는

메타버스 성교육

99% 양육자가 모르는 알파 세대의 가상 세계 성(性) 이야기

지금 해야 늦지 않는 메타버스 성교육

초판 1쇄 발행 2022년 6월 16일
초판 2쇄 발행 2022년 6월 24일

지은이 이석원, 김민영

발행인 백유미 조영석
발행처 (주)라온아시아
주소 서울특별시 서초구 효령로 34길 4, 프린스효령빌딩 5F

등록 2016년 7월 5일 제 2016-000141호
전화 070-7600-8230 **팩스** 070-4754-2473

값 16,000원
ISBN 979-11-92072-59-3 (03370)

※ 라온북은 (주)라온아시아의 퍼스널 브랜드입니다.

라온북은 독자 여러분의 소중한 원고를 기다리고 있습니다. (raonbook@raonasia.co.kr)

지금 해야 늦지 않는
메타버스 성교육

이석원·김민영 지음

RAON BOOK

프롤로그

메타버스는 알아도 '메타버스 성교육'은 모르는 양육자들

"강사님, 우리 아이가 제페토(메타버스 플랫폼)를 하다가 성폭력을 당했어요. 게임에서 만난 사람이 번호를 알아냈고 아이템을 준다면서 아이의 몸 사진을 요구했어요. 아이가 자기 몸 사진과 정보를 보냈다고 하는데 어떡하죠? 너무 불안하고 두렵습니다."

통화 내내 감정을 주체하지 못했던 엄마의 목소리가 지금도 귓가에 생생히 들린다. 순간 머리가 띵하며 멈칫했다. 기존에 알았던 성폭력과는 완전히 다른 양상이었기 때문이다. 아이는 메타버스 게임 속에서 누군지 모르는 사람에게 성 착취를 당한 것이다.

2019년에 발생한 코로나19는 세상을 완전히 바꿔버렸다. 그동안 우리에게 익숙했던 오프라인 대면 사회를 온라인 비대면 디지털 사회로 바꿔버린 것이다. 그와 동시에 디지털 세상의 가속화로 인해 시공간을 넘어 어디서든지 연결 가능한 '메타버스'가 화두가 되었다. 그리고 메타버스 세상에서 위와 같은 성 문제가 아이들에게 비일비재하게 일어나고 있다.

메타버스가 초래할 거대한 성문화

메타버스란 '가상, 초월'을 뜻하는 'Meta'와 '우주'를 의미하는 'Universe'가 합쳐진 말이다. 가상과 현실의 벽이 허물어진 초월한 세상을 뜻한다. 보통 가상현실 하면 게임만 생각하는데 이미 메타버스는 우리 생활 곳곳에 존재한다. 현재 우리가 익숙하게 사용하고 있는 SNS(인스타그램, 페이스북, 트위터)뿐만 아니라 '배달의민족' 같은 앱까지 모두 메타버스 세계 중 하나다.

메타버스는 단순히 일시적인 유행이 아니다. 세상을 바꾸는 메가트렌드다. 세계 글로벌 기업 애플, 구글, MS, 아마존, 메타(페이스북)도 이미 다가올 메타버스 세상에 맞춰 준비 중이다. 한국 정부도 '2026년 메타버스 세계 5위'를 목표로 2022년에만 5,560억 원을 투입한다고 밝혔다.

일반적으로 메타버스에 대해 현재 살아가는 세상을 확장하고 펼쳐놓은, 편리하고 아늑한 삶에 초점을 맞춰 이야기한다. 하지만 이렇게 세상이 급격하게 변하는 경우, 현 세상이 가지고 있는 사회적 문제도 함께 확장된다는 것을 잊지 말아야 한다. 특히 성(性)과 관련해서는 우주와 같이 광대한 변화가 다가오고 있다. 메타버스 3D로 체험하는 성은 기존에 접했던 글, 사진, 영상보다 훨씬 더 생생하고 중독적이다.

우리 아이들이 만약 메타버스에서 잘못된 성표현물을 접하면 어떻게 될까? 실제 세계보다 더 생생하고 짜릿하게 받아들여 상상 이상의 끔찍한 일들이 발생할 것이다. 메타버스는 우리에게 편안함과 편리함을 제공하지만, 준비되지 않은 채로 메타버스 세상을 맞는 것은 재앙이 될 수 있다. 지금부터 메타버스에 대해 공부하고 준비하지 않으면 아이와 일상적인 대화와 소통도 힘들 것이다. 이런 흐름에 따라 새롭게 다가오는 메타버스 시대에 발 빠르게 맞춘 성교육이 필요하다.

이번 책을 집필하며 메타버스에 관한 수십 권의 책, 논문을 읽고 전문가의 강의를 들었다. 이와 함께 매일 기사란을 꼼꼼히 보며 연구했다. 그런 과정들 속에서 메타버스 세상에서 성 문제가 매우 심각해질 것이라는 것은 쉽게 예측할 수 있었다. 우리의 예측은 적중했다. 작년부터 기사란에 매일같이 올라오는 메타버스 성범죄 기사를 목격하다 못해 이제 직접 피해 상담까지 받게 된 것이다.

성교육 현장에서 증가하는 메타버스 성 문제를 접하며 이런 생각과 걱정이 불현듯 밀려왔다. '아이들이 메타버스 성 문제에 노출된 사실을 우리 양육자들은 알고 있을까? 이에 따른 대처 방법과 아이들을 지킬 수 있는 제도와 시스템이 마련되어 있나?'

강의를 나갈 때마다 아이들과 소통하기 어렵다는 양육자들을 자주 만난다. 아이들이 양육자보다 스마트폰과 컴퓨터 세상에 몰입하며 살기 때문이다. 이런 현상은 앞으로도 바꿀 수 없는 흐름이다. 문제는 현재 아이들이 주로 활동하는 메타버스에서 성폭력이 일어나고 있다는 것이다. 채팅으로 성희롱을 하는 것뿐만 아니라 게임 속 아바타로 특정 성행위를 따라 하게 하는 아바타 성폭력까지 일어나고 있다. 이런 상황 속에서 양육자들은 자신의 아이가 성폭력 피해자 또는 가해자가 될까 봐 걱정하고 있다.

이제 메타버스 성교육을 통해 아이들에게 성에 대한 건강한 '분별력'과 '판단력'을 길러줘야 한다. 더불어 현재 메타버스에서 발생하는 성 문제에 대한 준비와 해결 방안이 반드시 마련되어야 한다. 아마 많은 이들이 메타버스는 들어봤어도 '메타버스 성문화', '메타버스 성교육'에 관해서는 들어본 적이 없을 것이다. 그렇기에 메타버스에서 아이와 성에 관해 친밀히 소통하는 방법을 안내하고자 이 책을 집필하게 되었다.

이제 '성교육의 판'이 바뀌어야 한다

아이들이 가장 영향을 많이 받는 곳은 어딜까? 바로 '가정'이다. 아이들은 가정에서 양육자에게 가장 많이 영향을 받는다. 앞으로 집은 단순히 휴식 공간이 아니라 진로, 직업 교육의 장이 될 것이다. 이는 집에서 양육자의 역할이 더 막중해졌다는 것을 의미한다. 다양한 역할들 중 성교육도 양육자가 반드시 관심을 가져야 하는 주제다. 가정에서의 성교육은 아이들 하나하나가 '또 하나의 메타버스'임을 각성하고 아이가 자신의 주체성을 지켜나가도록 해야 한다. 이제 기존의 성교육을 뛰어넘어 개별 맞춤형의 메타인지 성교육 프로그램으로 성교육의 판을 새롭게 디자인해야 한다.

《메타버스의 시대》(다산북스, 2021) 이시한 저자는 "메타버스는 사람들을 연결하는 방식의 패러다임을 변화시킬 것입니다. 그것은 연결 방식의 판을 바꾸는 거대한 변화입니다"라고 했다. 이처럼 메타버스는 지금껏 우리가 살아왔던 세상과 연결의 판을 완전히 뒤바꿀 것이다.

완전히 바뀌는 세상에 맞춰 '성교육의 판'도 바뀌어야 한다. 이전 성교육으로는 메타버스에서 5G 속도로 빠르게 학습하는 아이들을 절대 따라잡을 수 없다. 성교육을 다시 '제로'에서 생각해야 한다. 성교육의 목표, 계획, 실천 방법 등을 21세기 메타버스 시대에 맞게 재설정해야 한다. 생물학적 성교육을 넘어 인간에 대한 가치와 존중 의식을 기르도록 포괄적 성교육을 해야 한다. 포괄적 성교육과 인권교육을 메타버스 성교육에 적용해 새롭게 생각하고 준비해야 한다. 그래야 다가오는 메타버스 시대에 아이들이 안전하게 활동할 수 있다.

메타버스 성교육이란?

이 책의 특징은 크게 세 가지다. 첫째, 메타버스 성교육에 대해 처음 접하거나 모르는 분들도 누구라도 쉽게 이해할 수 있도록 집필했다. 둘째, 메타버스 성문화에 대해 세세히 알아보고 메타버스에서 발생하는 성폭력의 문제점과 그 심각성을 여러 사례를 통해 보여준다. 셋째, 이런 문제를 해결할 수 있도록 메타버스 시대에 걸맞은 새로운 성교육의 패러다임을 제시한다.

1장에서는 메타버스에 대한 자세한 소개와 이 세계가 우리 아이들의 성에 미칠 영향에 대해 알아본다. 2장에서는 아이들이 메타버스 안에서 성을 어떻게, 얼마나 접하는지 살펴보고 메타버스 안에서 발생하는 심각한 성문제에 대해 낱낱이 고발한다. 더불어 성교육의 '타이밍'에 대해 이야기하며 지금부터 성교육을 준비해야 하는 이유를 설명한다. 3장에서는 메타버스 성교육을 들어가기 전, 본격적으로 스스로 메타버스와 성에 대해 얼마나 알고 있는지 자세하게 점검하는 시간을 준비했다. 이 두 가지를 자세히 점검해야 아이에게 제대로 된 메타버스 성교육을 할 수 있기 때문이다. 4장은 메타버스 성교육 전에 해야 할 성교육, 성인지 감수성 교육, 성인지적 미디어 리터러시 교육을 알아본다. 이와 함께 '성 메타인지'라는 새로운 학습 방법을 소개하고 양육자에게 메타버스에 참여하는 노하우를 안내한다. 5장은 이전 성교육과는 다른 방식으로 새롭게 제시하는 메타버스 성교육을 안내한다. 양육자와 아이가 성적 대화 훈련을 하는 '하브루타 성교육'과 건강한 성 메타인지를 길러주는 '메타인지 성교육' 방법을 제시한다.

이 책은 전 세계 최초로 메타버스와 성교육을 유기적으로 연결해 집필한 책으로, 메타버스 성문화를 이해하고 아이와 소통할 수 있는 성교육 방법을 담았다. 메타버스 안에서 자녀 성문화의 현주소, 양육자가 아이들과 끈끈한 관계를 맺는 법 등 활용 가능한 메타버스 성교육에 대해 안내한다.

메타버스와 성교육을 연결한 책이라 그동안 나왔던 다른 성교육 책과 다르다. 이 책에 나오는 내용을 실생활에 적용하기 전에 기본적인 성 지식과 성교육 방법이 탄탄하게 준비되어 있어야 한다. 기본적인 성 지식과 성교육 방법을 알고 싶다면, 먼저 집필했던 《세상 쉬운 우리 아이 성교육》, 《아들아 성교육 하자》, 《딸아 성교육 하자》를 꼭 읽어보길 바란다.

아이를 가까이에서 보호하는 사람은 '양육자'뿐이다

우리는 코로나19라는 전염병이 이렇게 오랫동안 우리의 삶을 지배할 것이라 생각조차 못했다. 코로나19가 발생한 그해 '텔레그램 성 착취 사건(N번방 사건)'이라는 극악무도한 일이 터졌다. N번방 성 착취 사건은 어느 날 갑자기 터진 것이 아니다. 꾸준히 조짐이 보였고 이미 오래전부터 전문가들은 계속해서 경고해왔다.

이런 악랄한 범죄들과 우리 생활 곳곳에 퍼진 바이러스와 같은 성표현물, 성폭력이 이제는 메타버스로 들어가 기승을 부리고 있다. 익명성과 경계성이 없는 메타버스에서 이런 바이러스들은 더 자유롭게 숙주를 찾아 활개를 치며 돌아다닐 것이다. 문제가 발생한 이후에 수습하기만 하는 성교육은 제발 그만두자. 왜 성교육의 중요성을 사건이 터진 뒤에야 깨닫는가? 뭐든 미리 준비하고 예방하는 게 최고의 방법이다.

메타버스 세상에서는 모두가 주인공이 되기 때문에 아이들에게 자신을 믿고 자신만의 직관과 소신을 기르는 법을 알려줘야 한다. 잘못된 성문화에 휩쓸리지 않도록 철학과 신념을 키워주는 것

또한 매우 중요하다. 이런 것이 메타버스 시대에 발맞춘 성교육이다. 성교육은 인성교육이자 인권교육이다. 성교육을 통해 사람 됨됨이와 서로를 존중하는 방법을 알려줄 수 있어야 한다. 성교육이라는 예방주사를 통해 아이들이 튼튼하고 건강하게 자랄 수 있도록 면역력을 길러줘야 한다.

새로운 패러다임에는 언제나 적응하는 시간이 필요하다. 이 책을 읽다 보면 처음에는 약간 어려울 수 있겠지만, 모르는 부분을 반복해서 읽고 실천하다 보면 점점 적응하고 익숙해질 것이다. 또한 메타버스는 아이들의 놀이터이기 때문에 이를 이해하게 된다면 덤으로 아이와 메타버스 안에서 즐겁게 대화하고 뛰어놀게 되며 누구보다 아이와 친한 친구가 될 수 있다.

자주스쿨의 비전 중 하나는 전국의 모든 양육자가 아이와 성에 대한 대화를 편하게 할 수 있고 가족구성원 모두 건강한 성 인식을 갖도록 돕는 것이다. 이 책을 출간한 이유도 바로 그 때문이다. 성교육은 '나를 사랑하고 내 아이를 가장 올바르게 사랑하는 방법'이다. 이 책을 통해 일반 성교육뿐만 아니라 메타버스 성교육을 함께 시작하길 바라며 그 시작을 응원한다.

이석원, 김민영

차 례

1장

3차원 메타버스 시대, 성교육의 패러다임이 바뀐다

2장

새로운 우주 속에서 차원이 다른 성을 접하는 아이들

3장

'메타버스 시대의 성'을 준비하는 체크리스트

4장

메타버스 시대, '성 메타인지'를 높여라

5장

메타버스 시대의 성교육

1장

3차원 메타버스 시대, 성교육의 패러다임이 바뀐다

성표현물: 성적인 요소가 들어간 사진, 영상, 글, 그림 같은 다양한 콘텐츠를 의미

성착취물: 누군가의 성을 착취해서 만든 미디어를 의미. 모두가 피해자가 될 수 있지만 특히 여성, 아동 · 청소년 성착취물이 많음.

이 책에서는 '야동', '음란물'이라는 표현을 '성표현물', '성착취물'로 대신합니다. 성표현물과 성착취물을 맥락에 맞게 섞어 사용하고 있습니다.

페이스북은 왜 회사 이름을 '메타'로 바꿨을까

2021년 페이스북은 회사 이름을 '메타'로 바꿨다. 다양한 메타버스 관련 사업을 하고자 하는 목표를 갖고 이름을 바꿨으며, 5년 안에 메타버스 회사로 인식되길 원한다는 발표도 했다. 애플은 최근 몇 년간 AR(증강현실, 현실의 이미지나 배경에 3차원 가상 이미지를 겹쳐서 하나의 영상으로 보여주는 기술) 관련 기업을 인수하고 세계 최고의 AR 개발자들을 영입했다. 그 결과로 올해 안에 AR 헤드셋을 출시할 예정이라고 발표했다. 세계적 기업인 아마존은 메타버스 관련 직원만 300명 정도가 있으며, 마이크로소프트, 구글도 메타버스 관련 사업에 사활을 걸고 있다.

이렇게 세상이 빠르게 변하고 있고 그 중심에 메타버스가 있다. 그렇다면 미래에는 성교육이 어떻게 바뀔까? 인터넷이 발달했을 때 우리 사회는 변화하는 성문화에 대해 예측하지 못했고 그 결과 아이들은 인터넷을 통해 세계 각국의 성표현물을 접하게 되었다. 그런 현상은 디지털 성범죄의 밑바탕이 되었다. 그 후 유튜브나 온갖 스트리밍 서비스가 나왔을 때도 우리는 아이들의 성문화에 대해 간과했고, 그 결과 아이들은 온갖 성표현물을 접하게 되었고, 매체는 성적 대상화, 온라인 성매매의 온상이 되었다.

메타버스가 도대체 뭐길래

최근 유튜브, TV, 새로 나온 책들 안에서 심심치 않게 '메타버스'라는 단어를 접하게 된다. 도대체 메타버스가 뭐길래 IT 분야뿐만 아니라 모든 분야에서 관심을 보이는 걸까?

메타버스는 '가상, 초월'을 뜻하는 'Meta'와 '우주'를 뜻하는 'Universe'의 합성어로, 메타버스에 대한 정의가 명확하게 정리되지는 않았다. 지금까지는 '현실 세계를 초월한 또 다른 세계'라는 의미 정도로 이해할 수 있다.

메타버스는 '증강현실', '라이프로깅(Lifelogging)', '거울 세계', '가상 세계'의 네 가지 유형으로 나뉜다. 얼마 전 세계적으로 유행했던 '포켓몬 GO'라는 게임은 증강현실을 바탕으로 만들어졌다. 실제로 포켓몬들이 있는 건 아니지만, 게임 앱을 켜고 길을 돌아다니다 보면 포켓몬이 보이고 화면에 있는 포켓몬 볼을 던져서 그 포켓몬을 잡는다. 또 어떤 유아 책은 증강현실 기술을 접목해서, 눈으로 직접 그림책을 볼 때는 종이에 그려진 2D 그림이지만, 스마트폰 앱으로 책을 비추면 3D 입체로 보이게 만들기도 했다.

라이프로깅은 양육자들도 많이 사용하고 있는 메타버스 유형이다. 자녀를 양육하는 일상, 요리한 음식, 읽었던 책들을 인스타그램이나 페이스북 같은 SNS에 올리는 것, 개인 블로그를 운영하는 것 등을 라이프로깅이라고 한다.

거울 세계는 없는 걸 가상으로 만드는 것과 반대로, 실제로 있는 것을 온라인상에 넣은 것이라고 이해하면 된다. 예를 들어 '배달의민족'은 가상의 식당을 만들어놓은 것이 아니라 현실에 존재하고 있는 식당을 앱 안에 넣어 소비자들이 보고 선택할 수 있도록 만들었다. 또, 실제 존재하는 사람들이 'ZOOM'과 같은 프로그램 안에 들어가서 비대면 교육을 받거나 회의를 하는 것도 거울 세계라고 할 수 있다.

가상 세계는 요즘 아이들이 많이 하는 '제페토', '로블록스' 같은 프로그램을 들 수 있다. 또, 고글 같은 안경을 컴퓨터와 연결해서 착용하면 마치 내가 그 안에 있는 맵으로 옮겨진 듯한 느낌을 받고 금방 게임에 몰입하게 되는데, 이런 메타버스 유형을 가상 세계라고 한다.

메타버스는 생각보다 우리 일상에서 많이 사용되고 있으며, 기술의 발전도 어마어마하게 진행되고 있다. 앞으로 메타버스를 잘 모르는 일반인들에게 판매되고 상용화되는 것은 시간문제다.

모든 글로벌 대기업이 관심을 가지는 메타버스

세계 10대 기업 중 여덟 개 기업이 메타버스에 투자하고 있다. 그 외에도 크고 작은 기업들이 많은 관심을 가지고 투자를 하고 있으며, 여러 국가들도 메타버스 강국이 되기 위해 메타버스 관련 사업에 사활을 걸고 있다.

메타버스에 대한 감이 아직 오지 않는다면 인터넷이나 스마트폰이 상용화되었을 때를 생각해보면 쉽다. 눈에 보이지 않는 '인터넷'이라는 기술이 개발되면서 정말 다양한 사업들이 방대하게 확장되었다. 스마트폰이 나오기 전에는 '가지고 다니는 1인 1컴퓨터 시대'를 상상할 수 없었다. 그런데 스마트폰이 나타나자 그로 인해 아주 많은 것들이 변화되었다. 어떤 직업은 없어지기도 하고 새로운 직업이 생기기도 했다. 오프라인 매장에 대한 느낌이 많이 변했고 회사들의 업무 스타일도 많이 바뀌었다.

메타버스 시대가 오면 스마트폰이 상용화됐을 때처럼 또 한 번의 혁명이 일어날 것이다. 인터넷이나 스마트폰이 우리의 생활 전반에 영향을 줬듯이 메타버스는 주식, 교육, NFT, 기술, 정치 등 모든 분야에 영향을 주고 그로 인한 변화가 일어날 것이다.

세계를 움직이는 대기업들은 메타버스라는 또 다른 우주를 만들고 있다. 그리고 우리 아이들은 이 우주를 현실의 한 부분으로 받아들이게 될 것이며 그 세계에서 일상을 만들어갈 것이다.

메타버스가 우리 삶에 가져올 변화

얼마 전 메타버스 관련 특강을 들으러 간 적이 있다. 메타버스 시대가 어떻게 올 것이고 어떤 변화가 일어나는지를 파악해, 아이들을 보호하고 이끌어줄 수 있는 성교육 프로그램을 개발하는 데 도움을 받고 싶어서 찾아가게 됐다.

정말 많은 사람들이 특강을 들으러 왔는데, 교육과 관련된 일을 하는 사람은 나밖에 없었다. 대부분이 주식 투자자들이었고, 기술자들, 회사 임직원, 부동산 투자자도 있었다. 이런 현상은 정말 다양한 분야에서 메타버스로 인한 변화가 일어난다는 것을 보여주는 예시다.

메타버스가 우리 삶에 많은 변화를 가져올 수밖에 없는 이유 중 하나는 메타버스의 특징에 있다. 메타버스가 기존의 게임, SNS와 크게 다른 점은 그 안에서 경제 창출이 된다는 것이다. 자본주의 세상에서 그 자체로 경제가 돌아가는 매커니즘을 가지고 있는 메타버스는 더욱 강력한 자극제가 될 수 있다.

메타버스는 인터넷이나 스마트폰처럼 우리 삶을 굉장히 편하고 효율적으로 바꿔줄 것이다. 그리고 다양한 자극을 주며 우리의 여가 시간을 풍성하게 만들 수도 있다. 경제활동도 다양하게 시도해 볼 수 있게 될 것이며 교육의 사각지대도 채워줄 수 있다. 반면 가족 간의 대화 시간보다 스마트폰을 보는 시간이 더 많아졌던 것처럼, 어쩌면 그보다 더 심각한 상태인, 인간성 자체가 말살될 수도 있는 굉장히 위험한 요소도 함께 포함하고 있다.

이렇게 메타버스가 우리의 모든 일상에 영향을 주게 되는 만큼, 대기업과 국가만 움직여서는 안 된다. 우리 아이들은 메타버스 안에서 어떤 세상을 살아가게 될지 양육자들도 생각해야 한다. 그중에서도 아이들이 어떤 성문화를 경험하고 살아가게 될지 생각할 필요가 있다. 기존의 성교육은 메타버스 시대에 변화되는 성문화를 대비할 수 없다. 인터넷, 스마트폰이 보급되었을 때처럼 안일하게 생각하다가는 메타버스에 아이들을 뺏길 수도 있다. 그리고 아이들은 메타버스 안에서 굉장히 왜곡된 성에 대한 인식을 가지고 점점 병들어갈 수도 있다. 우리가 아이들을 보호하고 안내하기 위해 어떤 것들을 준비해야 하는지 반드시 생각하고 대비해야 한다. 메타버스는 이미 우리 일상에 존재한다는 것을 잊지 말자.

알파 세대가 메타버스에서 노는 이유

요즘 알파 세대(2010년대 초반부터 2020년대 중반 사이에 태어난 세대)의 일과를 살펴보자. 코로나19로 인해 학교에 못 가게 되면 아이들은 평소보다 늦잠을 자고 수업 시작 몇 분 전에 일어나 줌과 같은 온라인 미팅 프로그램에 접속한다. 수업 시간 중간중간 인터넷 서핑도 하고 스마트폰 게임을 하기도 한다.

수업이 끝나면 본격적으로 컴퓨터나 스마트폰 게임을 즐기고, 제페토나 이프랜드 같은 메타버스 플랫폼에 들어가서 친구들과 대화를 나누고 쇼핑도 한다. 학원 갈 시간이 되면 아이들은 태블릿 PC로 동영상 교육을 듣고 AI가 준비해준 맞춤형 학습지를 풀면서 공부를 한다. 수업이 끝나면 SNS 친구들의 소식을 살피고, 간단한 사진이나 영상을 찍어 개인 SNS에 올리기도 한다. 이처럼 알파 세대라고 불리는 요즘 아이들은 오프라인보다는 온라인에서 더 많은 활동을 하고 있다.

알파 세대의 취향 저격

알파 세대의 특성을 살펴보면 굉장히 똑똑하고 유능하며 효율성과 가능성을 따지는 세대다. 간혹 어떤 어른들은 요즘 아이들은 쉬운 일만 하려고 하고 자기 이익만 너무 챙긴다고 비난하기도 하지만, 정말 빠르게 변해가는 세상에서 적응하기 위해서, 또 살아남기 위해서 효율성과 이익을 따지는 것은 어쩌면 알파 세대의 생존 전략이라고 할 수 있다.

그런 알파 세대에게 메타버스는 어떤 의미일까? 메타버스는 알파 세대가 가지고 있는 다양한 욕망을 충족시켜주기에 아주 괜찮은 선택지다. 대부분의 인간은 관계에 대한 욕망을 가지고 있다. 급격한 사회 변화, 치열한 경쟁 구도 속에서 알파 세대는 살아남기 위한 노력과 동시에 관계에 대한 욕구도 충족시키고 싶어 한다. 특히 코로나19 팬데믹으로 인해 아이들은 학교에서 친구를 사귈 수도 없고 친한 친구와 자유롭게 만나서 시간을 보낼 수도 없게 되었다. 그래서 그 관계 욕구를 온라인에서 충족시키고자 끊임없이 새로운 관계를 만들고 자신을 보여주려 한다. 메타버스는 아이들의 놀이 욕구도 충족시켜줄 수 있다. 아이들은 메타버스 안에서 게임도 하고 친구도 사귈 수 있다. 그것도 전 세계에 있는 친구들을 말이다.

여기에서 재밌는 사실은, 놀이도 하고 친구도 사귈 수 있지만 현실 세계에서만큼 부담스럽지 않다는 것이다. 현실에서 새로운 친구를 사귀려면 대단한 용기가 필요하다. 거절당할지 모르는 두려움을 극복해야 하고 친구의 눈치를 살펴야 한다. 그런데 메타버스에서는 그런 부담 없이 여러 가지 욕구를 채울 수 있다. 개인주의적 성향과 함께 자신의 행복을 추구하고 합리성과 효율성을 따지는 알파 세대의 취향을 메타버스가 제대로 저격한 것이다.

알파 세대가 잡을 수 있는 새로운 기회

양육자 세대에서 경험했던 옛날 게임들을 살펴보면 현실에서 번 돈이나 모아둔 용돈을 가지고 캐릭터를 강하고 멋있게 만들기 위해 소비했다. 정말 높은 레벨이 되거나 레어템(희귀한 게임 아이템)을 얻게 되었을 때는 약간의 돈을 벌 수도 있지만, 그런 경우는 이미 많은 돈을 투자해서 레벨을 높이거나 캐릭터가 강해졌을 때나 가능한 일이었다. 일방적인 소비 경제만 움직였던 것이다.

그러나 메타버스에서는 누구든지 방법을 배우고 돈을 벌 기회를 잡을 수 있다. 사이버 머니가 현금이 될 수 있는 것이다. 현실에서 돈을 벌어서 메타버스에서 소비하기도 하지만, 누구든지 메타버스에서 게임을 만들거나 아이템을 만들어 판매할 수 있다. 실제로 로블록스에서 게임을 만들어 판 10대가 억대 재산을 벌어 대학교 4년 등록금을 모두 마련했다는 이야기는 유명하다. 그뿐만 아니라 자신이 만든 게임이나 아이템에 NFT(Non-Fungible Token, '대체 불가능한 토큰'이라는 뜻으로 희소성을 갖는 디지털 자산을 대표함)를 만들어 지속적으로 저작권을 보호받고 수익을 창출할 수 있다.

알파 세대는 치열하게 경쟁하는 세상에 살고 있다. 동시에 어떻게 하면 더 행복하게 누리면서 살 수 있을까 고민하는 세대다. 그런 알파 세대에게 메타버스는 누구에게나 가능성이 열려 있는 기회의 행성인 것이다.

메타버스 시대에 걸맞은 성교육의 필요성

스마트폰과 컴퓨터 사용량이 많아지면서 온라인 세상에서 발생하는 성폭력의 유형과 범위가 다양해지고 온라인 성폭력이 오프라인까지 이어져 큰 피해를 주고 있다. 연령이 낮아지고 아주 빈번하게 일어나고 있기 때문에 최근에는 디지털 성범죄 관련 법들이 계속해서 강화되고 있다.

최근 소그룹 성교육이나 양육자 교육을 가면 "아이가 게임에서 이상한 메시지를 받았어요", "아이의 SNS 계정으로 성인 남자들의 DM이 엄청 와요" 등과 같은 이야기를 자주 듣는다. 디지털 성폭력에 우리 아이가 가해자가 되거나 피해자가 될까 봐 물리적으로 스마트폰이나 컴퓨터 사용을 막는 양육자도 많은데, 메타버스 시대가 오면 우리 아이들의 성문화는 어떻게 바뀔까?

메타버스는 우리가 현재 사용하고 있는 2D 콘텐츠보다 훨씬 자극적일 수 있다. 실제로 그 상황에 들어간 듯한 기분을 느낄 수 있고, 기술이 발달하면 감각까지도 느낄 수 있다. 자신의 행복 추구와 합리적이고 효율적인 것을 좋아하는 알파 세대에게 메타버스를 통한 성적 경험들은 호기심을 충족시키기 충분할 뿐만 아니라 실제 성적 행동보다 훨씬 흥미롭고 편하게 다가올 수 있다. 그렇다면 시간과 노력을 많이 투자해서 성적 경험을 하는 것보다 손쉽고 빠르게, 더 편하게 성적 자극을 느낄 수 있는 메타버스를 선택할 가능성이 더 클 것은 충분히 예상 가능한 일이다.

그럼 우리는 무조건 메타버스 시대가 오지 않도록 막으면 될까? 말도 안 될 정도로 불가능한 일이라는 것을 우리는 모두 알고 있다. 알파 세대는 메타버스 안에서 일하고 놀고 배우고 창조한다. 그리고 메타버스는 그에 대한 대가를 제공하기도 하고 누구에게나 똑같이 기회를 제공해준다. 흥미 있는 것을 좋아하고 위험부담을 싫어하는 알파 세대가 재미, 직업, 돈, 관계 등 많은 것들을 충족시켜주는 메타버스에 빠지는 건 어쩌면 당연한 일일지도 모른다.

그러니 우리의 선택지는 단 하나다. 그에 맞는 성교육으로 바뀌어야 한다. 메타버스 시대에 맞는 성교육, 메타버스 시대에 적합한 어른들의 인식 변화만이 아이들을 위한 대안이 될 수 있다. 아직도 야한 잡지를 보던 80년대의 성교육을 하고 있으면 절대 아이들을 보호할 수 없다.

3차원 가상 세계와 우리 아이들의 '성'

메타버스 이야기를 들어본 적은 있지만 구체적으로 그게 어떻게 우리 아이들의 성문화와 성의식에 영향을 줄지에 대해 가늠하기는 쉽지 않다. 양육자들은 실제 메타버스를 사용하고 있고 그 심각성에 대해 걱정하면서도 메타버스가 주는 편리함 때문에 일상에서 메타버스를 분리할 수가 없다.

가령 아이들이 태블릿 PC를 들고 자기 수준에 맞는 학습 동영상을 보고 문제를 풀면 AI가 알아서 아이의 수준을 파악하고 복습도 시켜준다. 동시에 아이들이 그 태블릿 PC로 부적절한 영상을 보거나 게임에 너무 빠져 있는 경우도 존재한다. 이처럼 동전의 양면과 같은 경우가 많은데, 나쁜 점과 함께 도움이 되는 부분도 공존하기 때문에 무조건 태블릿 PC 자체를 못 쓰게 하는 건 어렵다는 것이다. 그렇다면 메타버스가 아이들의 성문화, 성의식에 어떤 영향을 주게 될지, 거기에서 우리는 무엇을 준비하고 예방해야 할지 생각해봐야 한다. 그것은 메타버스가 우리 일상에 들어온 이상 반드시 고민하고 대비해야 하는 부분이다.

미디어 발달과 함께 발달한 성문화

70~80년대 성인영화를 본 적이 있는가? 한국에서 만든 성인영화는 성관계 장면을 암시할 뿐 직접 보여주지 않고 그 타이밍에 카메라가 물레방아나 다른 장소를 비추며 장면이 넘어간다.

90년대에 인터넷이 보급되면서 인터넷을 이용해 전 세계의 자료를 볼 수 있게 되었고, 성문화에도 큰 영향을 미쳤다. 해외에 한 번도 다녀오지 않았어도 전 세계 뉴스와 정보들을 인터넷에서 찾아볼 수 있게 되었고, 덩달아 해외 포르노배우의 사진도 쉽게 접할 수 있었다. 그 후 인터넷 속도가 빨라지면서 사진이 아니라 전 세계의 성표현물까지도 쉽게 볼 수 있게 되었고, 심지어 자신이 좋아하는 국가, 장르를 선택해 불법 다운로드 사이트에서 내려받아 소장할 수 있었다.

인터넷, 미디어의 발달로 이렇게 손쉽게 성착취물을 포함한 성표현물을 접할 수 있게 되었지만 그래도 예전에는 노력이라는 걸 했어야 했다. 예전에는 성착취물을 보려면 불법 다운로드 사이트에서 엄마, 아빠의 주민등록번호를 몰래 알아 와서 성인 인증을 하고 아이디를 만들고, 어떤 영상을 내려받을까 몰래 찾으면서 누가 올까 조마조마하는 그 불안감을 감내해야 했다. 돈을 충전하거나 무료 쿠폰을 찾아 포인트를 충전해야 했고, 내려받은 영상은 폴더 숨김을 하며 가족들이 집에 없을 때 컴퓨터를 독차지하고 몰래 봐야 했다. 이런 불안함과 혼자만의 노력을 통해 성표현물을 볼 수 있었다.

그런데 지금은 더 쉽고 빠르게 성표현물을 접할 수 있다. 딱히 파일을 내려받거나 저장할 필요도 없어졌다. 아이들은 링크를 주고받으며 성표현물을 접하고 스트리밍으로 보고 쏙 빠져나온다. 이런 편리함은 아이들이 성표현물 시청에 대한 심각성을 느끼지 못하게 만든다.

메타버스로 경험하는 '성'

지금까지는 컴퓨터에 다운로드해서 보냐, 스마트폰으로 링크를 클릭해서 들어가느냐의 차이만 있을 뿐 사진이나 영상, 애니메이션을 보는 것은 비슷했다. 시각적으로 엄청난 자극이 들어가긴 하지만, 여전히 보는 사람은 성적인 장면을 바라보는 역할로만 참여할 수 있었다.

그런데 3차원 가상 세계에서는 단순히 영상을 보는 게 아니라 그 안에 함께 참여할 수 있다. 메타버스 기술이 점점 발달하고 상용화되면, 아이들은 동영상을 보는 역할로 끝나지 않고 가상 세계에서 성적 경험을 하고 실제 느낌과 비슷한 감각까지 느끼게 될 수 있다.

스마트폰을 열고 연결된 안경을 끼면 모니터 없이 성표현물을 볼 수 있고 그 안에서 사람을 만나고 성적 행위를 할 수 있다면 무슨 일이 벌어질까? 굳이 다른 사람을 만나려고 어떤 장소에 가고 그 사람의 마음을 얻기 위해 노력하지 않아도 된다고 생각할 수 있다. 연애하지 않고 동의를 구하지 않아도 너무나도 손쉽게 성 욕구를 해결하고 즐길 수 있게 된다. 그 어떤 상황도 설정할 수 있고 자기가 원하는 수위와 자극의 수준을 정할 수 있다. 자신의 몸을 사랑하고 다른 사람을 존중하는 것의 의미는 중요하지 않게 되고, 성적 쾌감만을 쫓으려 더 자주, 더 많이, 더 자극적인 경험들을 갈구하며 더 깊이 빠져들게 되는 것이다.

캐릭터를 통해 경험하는 가상 세계

최근 10년간 학교에서 의무적으로 성폭력 예방 교육을 진행했다. 그 결과로 아이들이 성적 자기결정권, 성적 동의, 성폭력의 정의와 유형, 현실에서 해도 되는 성 행동과 하지 말아야 하는 성 행동 등을 잘 알게 되었다. 아는 것과 행동하는 것이 늘 일치하지 않는다는 게 허점이지만 그래도 대부분의 아이들은 어떤 행동이 타인에게 폭력이 될 수 있는지 정도는 알고 있다.

그럼 현실이 아닌 가상 세계에서의 어떤 행동이 타인에게 폭력이 될 수 있는지에 대해서는 얼마나 알까? 디지털 성폭력 예방 교육을 몇 년 전부터 진행하고 있지만, 아이들이 현실에서 어떤 행동을 하면 안 되는지 잘 알고 있더라도 인터넷상에서는 자신의 성적 호기심을 충족하기 위해 무모한 시도를 하는 경우가 점점 많이 일어나고 있다.

인터넷과 기술의 발달로 성표현물을 접하는 경로만 달라지는 것이 아니라 그 안에서의 관계를 형성하는 방식도 달라질 것이다. 아이들은 캐릭터를 만들고 그 캐릭터를 자기와 동일시하며 실제로 못하는 것도 캐릭터를 통해서 할 수 있다.

메타버스에 빠져들수록 아이들은 캐릭터와 현실의 자기를 구분할 수 없게 된다. 너무 무서운 이야기지만 이미 이런 일들은 벌어지고 있다. 게임을 하다가 자신의 캐릭터가 죽거나 공격당했을 때 아이들이 분노하고 책상을 치는 모습을 본 적이 있다면 이해가 더 쉬울 것이다. 단순히 캐릭터가 공격당했을 뿐인데 아이들은 본인이 공격당한 것처럼 분노하고 행동한다. 친구들끼리 같이 게임을 하다가 캐릭터 간의 갈등이 실제 싸움으로 이어지기도 한다. 이런 상황을 보면 아이들이 얼마나 캐릭터에 자신을 씌우고 있는지 알 수 있다.

3차원 세상에서는 자신을 드러낼 수도 숨길 수도 있다. 즉 자신의 욕망을 드러낼 수도 있고 동시에 진짜 자기를 숨길 수도 있다. 그래서 현실에서 하면 안 되는 행동도 인터넷상에서는 '괜찮겠지?'라는 마음으로 시도해볼 수 있다. 처음 시작은 내가 아닌 캐릭터가

하는 말과 행동이지만, 점차 아이들은 그 캐릭터에 자신을 씌우게 된다. 캐릭터는 감정을 느끼지 못하지만 그 감정에 몰입하며 점점 더 그 세계에 빠져들게 된다.

이런 패턴이 아이들로 하여금 현실 세계보다는 가상 세계에서 인간관계를 갈구하며 성적 호기심을 해소하고 싶게 만들고, 결국 중독에 빠지게 만들 수 있다. 동시에 현실 세계의 관계나 성에 대한 흥미를 잃게 되는 것이다. 이처럼 3차원 가상 세계가 우리 아이들의 '성'에 미칠 영향은 어마어마할 것이며 미리 준비해야 한다.

아무도 모르고 준비도 안 된 3차원 가상 세계의 성교육

메타버스가 일상에 자리잡게 된다는 것은 우리가 경험할 수 있는 여러 행성이 생긴다는 것이다. 새로운 행성에 적응하려면 그 행성에 대해 알아야 하고 행성에서 적응하는 법도 준비해야 한다. 메타버스는 아이들의 일상 대부분에 스며들었다. 그렇기에 어느 한 분야가 아니라 놀이, 경제, 인성, 교육 등 아이들과 관련된 모든 분야에서 적응하기 위해 대안을 찾아야만 한다. 특히 디지털 성범죄가 날로 심각해지고 성범죄 가해·피해 연령이 점점 낮아지는 현재 상황에서, 3차원 가상 세계의 성교육은 무조건 대비해야 하는 부분이다.

사회적 흐름을 타고 변하는 성교육

최근에 양육자 교육을 가서 "아이들 성교육, 필요하다고 생각하시나요?"라고 물으면 100% 필요하다고 대답한다. "아이들 성교육, 중요하다고 생각하시나요?"라고 물으면 이것도 100% 그렇다고 대답한다. 성교육의 필요성과 중요성에 대해 양육자들이 이렇게 느끼고 있다는 것은 꽤 반가운 일이다. 왜냐하면 우리나라에서 성교육의 중요성을 인식하고 공적인 움직임을 통해 본격적으로 진행한 것은 그리 오래된 일은 아니기 때문이다.

1990년대만 해도 성교육이 의무적이거나 꼭 필요한 교육으로 인식되지는 않았다. 그러다가 1990년대 말~2000년대 초, 전문가들이 성교육의 중요성을 어필하였고 대중들은 그 주장에 뜨겁게 반응했다. 이런 사회적 흐름으로 성교육의 중요성과 포경수술에 대해 재고했고 성교육 강사 양성, 성교육 프로그램 개발 등이 활발히 이루어졌다. 그 전보다 성교육의 중요성을 염두에 두었고, 깨어 있는 학교들은 성교육을 실시하고 시대의 흐름에 빠르게 반응하는 양육자들은 자녀 성교육에 신경쓰기 시작했다. 그러나 여전히 성교육을 실시하지 않는 학교들도 많았다. 성교육보다는 학업 성적이 우선인 사회 분위기도 여전했다. 인성이나 삶을 살아가는데 필요한 지혜보다도 입시 위주의 교육만을 쫓는 분위기가 팽배했다. 그러다 보니 성범죄는 증가했고, 가해자와 피해자 연령도 점점 낮아졌다.

그러던 중 2018년 한국에서 미투 운동이 일어났다. 사회 분위기는 그 전과 달랐고, 사회에 만연한 성 문제에 대한 관심이 조금 더 생기게 되었다. 연이어 2019년 텔레그램 성 착취 사건이 터지면서 양육자들은 엄청난 두려움과 불안을 느끼게 되었다. 특히 텔레그램 성 착취 사건의 가해자, 피해자 연령이 10대 초반도 있다는 사실은 양육자들이 자신의 자녀를 떠올리기에 충분했다. 끔찍했던 텔레그램 성 착취 사건이 대중에게 잊혀갈 때쯤 코로나19가 전 세계를 공격했다. 바이러스로 인해 국제사회는 공황상태가 되었고 아이들은 마스크 쓰는 일상, 온라인으로 받는 교육, 스마트폰으로 만나는 친구에 익숙해져야 했다. 컴퓨터를 못 하게 하던 양육자들은 아이 학습을 위해 태블릿 PC을 사주기도 했고, 아이는 온라인 세상에 들어가 있는 시간이 많아지게 되었다. 이런 어쩔 수 없는 상황과 함께 디지털 성범죄는 심각해졌고, 그중에도 아동·청소년 온라인 그루밍, 가스라이팅을 통한 성 착취 문제는 아주 심각한 지경에 이르게 되었다.

메타버스 시대에 대처하는 성교육

성교육 강사들은 이런 사회적 흐름과 양육자, 공교육, 공공기관, 지자체의 분위기에 따라 대응하고 준비해왔다. 그리고 끊임없이 성교육의 중요성에 대해 주장했고, 양육자와 아이들을 위한 교육은 전보다 더 많이 이루어지고 있다.

그러나 지금 같은 사회적 흐름은 성교육 강사 입장에서도 여간

당황스러운 일이 아니다. 1990년대~2000년대 초반에는 컴퓨터 활용을 하지 못해도 강의를 진행할 수 있었고, 심지어 칠판에 쓰면서 강의를 하는 것이 멋있어 보이기까지 한 시대였다. 그 후 PPT, 이미지, 영상과 같은 시각 자료 활용이 강사의 기본 능력으로 인식되었고, 강사들은 파워포인트를 배우고 강의안을 만들었다.

가장 최근 강사들이 적응해야 했던 큰 변화는 온라인 강의였다. 코로나19 팬데믹이 시작되면서 기관들은 비대면 강의를 요청했고 이 시기에 비대면 강의를 진행하지 못하는 강사들은 강의를 얻기가 어려웠다. 이제야 온라인 강의에 어느 정도 적응했는데 메타버스라는 것이 등장했다. 아마 지금도 메타버스가 뭔지 잘 모르거나, 메타버스를 단순히 아이들이 하는 게임 정도로만 생각하는 강사들도 많다. 즉 매우 전문적인 성교육 강사라고 해도 아이들의 문화와 사회적 흐름에 민감하지 못하거나 공부하지 않으면 메타버스 시대에 맞는 성교육 방안을 제시할 수 없고 당연히 관련된 교육을 할 수 없는 것이다.

성교육 강의를 오래 한 유명 강사들이 네임 밸류가 있고 브랜드 파워가 있다고 해도 쉽게 적응하고 대안을 제시할 수 없는 게 메타버스 시대의 성교육이다. 누구에게나 낯설고 모호하게 느껴지는 메타버스의 특성상, 제대로 준비하지 않으면 전문가도 시대에 뒤떨어진 교육에 머무를 수밖에 없다는 것이다.

전문가인 성교육 강사들도 이렇게 나뉘는데, 양육자는 오죽하겠는가. 이제라도 성교육의 필요성과 중요성을 깨닫고 아이들에게 충분한 성교육을 제공해주리라 다짐하는 양육자들이 늘고 있는데, 메타버스 시대가 되면서 우리 아이들이 어떤 성 경험을 하게 될지 추측조차 불가능한 상황이 된 것이다.

메타버스 시대, 자녀 성교육을 위한 양육자의 역할

코로나19로 인해 가정은 모든 역할을 감당해내야 하는 장소가 되었다. 아이들은 학교에 가지 않고 집에서 수업을 듣고 밥을 먹었다. 학원을 가지 않고 학습지 선생님이 오지 않아도 컴퓨터나 태블릿 PC로 AI와 함께 공부했다. 그리고 집에서 게임을 하고 홈트레이닝도 했다. 가정은 학교이자 학원이고, PC방이자 헬스장이 되었다.

코로나19는 세상을 멈추게 했지만 반대로 메타버스 기술의 발전을 앞당겼다. 기본 교육, 기본 생활은 멈출 수 없었기 때문에 대면으로 진행되는 것을 대체할 비대면 기술이 필요했고 이 기술을 빠르게 발전시켰다. 그 영향으로 아이들은 메타버스 시대에 훨씬 더 빠르게 들어가게 되었다.

본격적인 메타버스 시대가 와서 아이들이 학교 수업을 학교나 집에서 선택해서 들을 수 있고, 온·오프 라이프가 공존한다면, 성교육도 가정에서 해주어야 한다. 다만, 양육자들은 성교육을 받은 경험이 많지 않고 전문가가 아니기 때문에 어렵게 느껴질 수 있다. 그러니 메타버스 시대에 맞는 성교육 방법을 잘 알고 있는 전문가와 함께 하는 것이 필요하다. 상황이 변하고 있음을 빨리 깨닫고 메타버스 시대에 맞는 성교육 방법을 전문가와 함께 고민하고 적용하는 것이야말로, 메타버스 시대에 자녀를 위해 양육자로서 꼭 해야 하는 역할인 것이다.

디지털 성범죄의 새로운 사각지대, 메타버스

코로나19가 전 세계를 강타해 '언택트(Un+Contact, 접촉을 뜻하는 '콘택트'에 부정 · 반대를 뜻하는 '언'을 붙인 신조어) 시대'가 가속화되었다. 10대는 디지털 기기와 인터넷에 매우 익숙한 세대다. 아동·청소년 성범죄의 상당수는 SNS를 비롯한 온라인상에서 발생한다. 현재 10대를 대상으로 하는 성범죄가 현실 세계에서 온라인으로 옮겨가고 있다. 디지털 성범죄의 가장 무서운 점은 '성폭력의 경계가 없다는 것'이다. 이는 내 아이가 언제, 어디서든지 성범죄 피해자 또는 가해자가 될 수 있다는 뜻이다.

위험에 가장 크게 노출된 미성년자들

메타버스 주 이용층은 미성년자들이다. 어른들이 카페에서 만나 서로 편하게 대화하듯이 아이들은 메타버스라는 놀이터에서 만나 활동한다. 한국에서 가장 널리 알려진 메타버스 플랫폼인 '제페토'는 2022년 3월 기준 이용자가 3억 명을 돌파했다. 주 이용자는 미성년자와 여성이다. 2021년 1월 닐슨코리아 조사 결과에 따르면 제페토 서비스 이용자 열 명 중 일곱 명은 미성년자였다. 특히 7~12세 이용자가 50.4%로 절반을 차지했다. 여성(약 77%)은 남성(약 23%)보다 3배 이상 많았다. 제페토보다는 격차가 작지만, 또 다른 메타버스 플랫폼인 '로블록스'도 미성년자와 여성 이용자의 비율이 절반을 넘는다.

메타버스는 언제 어디서나 타인의 정신과 연결되는 세상을 만들었다. 현실 세계와 다르게 아바타를 통한 대화와 소통은 서로의 경계를 허물고 자연스러운 대화를 이끌 수 있다. 처음 보는 사람, 멀리 있는 사람과도 친밀한 교류를 할 수 있다는 장점이 있다. 그러나 아동·청소년이 온라인에서 낯선 사람에 대해 느끼는 심리적 경계가 한층 약화될 수 있다는 문제점도 있다. 메타버스 안에서는 미성년자와 성인이 익명으로 함께 어울린다. 이로 인해 성인이 미성년자를 노리는 범죄가 발생할 수 있다. 특히 메타버스에서 미성년자를 노린 성범죄에 대해 깊이 고민해볼 필요가 있다.

메타버스에서 성 착취를 당하고 있는 아동·청소년

경찰청에 따르면 2020년 아동 성착취물 적발 건수는 2,623건으로 1년 전인 756건보다 무려 3.5배가 늘었다. 특히 아동·청소년이 주로 이용하는 메타버스에서 성 착취 범죄가 일어나고 있다. 미국에서는 메타버스 열풍을 이끈 '로블록스'에서 성인 이용자가 성관계 상대를 찾는 등 미성년자 대상 성범죄가 발생했다. 영국에서는 23세 남성이 로블록스에서 7~12세 아동에게 접근을 시도해 구속되는 사건이 벌어졌다.

한 초등학교 여학생은 메타버스를 기반으로 하는 게임에서 한 남성 아바타로부터 성적인 요구를 받았다. 아바타가 착용 중인 아이템을 모두 벗고 자신의 아바타 위에 반복적으로 앉거나 엎드리는 등의 자세를 취하라고 했다. 아바타 간 성행위를 하자고 유도한 것이다.

이뿐만 아니라 제페토에서 성 착취 사건이 끊임없이 발생하고 있다. 한 여자 초등학생에게 아이돌처럼 미소년 외모로 치장한 남자 아바타가 접근했다. 이 아바타는 대화를 이어가다 밸런타인데이라며 초콜릿 기프티콘을 보냈다. 아이의 환심을 사기 위해 유료 아이템을 지속적으로 보내기도 했다. 소위 '커플 사진'을 찍어준다고 하거나 "역할 놀이를 하자"라며 대화를 이어갔다. 그렇게 여학생과 1~2개월간 연락하며 친분을 쌓았다. 메신저를 통해 전화를 걸어 성적 대화를 하며 몸을 찍은 영상이나 사진을 요구했다. 자신의 신체를 찍은 영상을 여학생에게 보내기도 했다.

이 가해자에게 피해를 당한 학생이 많아 신고가 들어왔다. 가해자를 구속해서 봤더니 30대 남성이었다. 아이돌 외모의 아바타와는 다르게 완전 초췌한 모습이었으며 집은 먹던 음식과 던져놓은 옷, 성인용품 등으로 어질러져 있었다. 이 가해자는 제페토에서 다섯 개의 계정을 사용하고 있었고, 계정이 정지된 뒤에도 새 계정으로 재가입해 아동·청소년에게 접근했다. 가해자는 이런 수법으로 메타버스에서 최근까지 약 1년간 초등학생부터 고등학생까지 아동·청소년 열한 명의 신체 사진 등을 받아 성착취물을 제작해 보관했다. 이 가해자가 한 수법은 전형적인 온라인 그루밍 성범죄였다. 메타버스에서 화려한 외모의 아바타가 실제와는 매우 다르고 이를 악용해 아이들에게 접근할 수 있다는 것을 보여주는 사건이었다.

양육자가 알아야 할 메타버스 성범죄 처벌의 한계

가장 큰 문제는 메타버스 공간을 악용해 디지털 성범죄를 저지를 경우, 이를 막을 방법이 현실보다 훨씬 더 어렵다는 것이다. 아직 메타버스에서 일어난 성범죄에 관해서는 제시된 기준이나 명확한 규정이 없다. 아동·청소년 대상 메타버스 내 성범죄 발생 현황을 확인하려고 해도 정부 기관, 경찰청에서도 대략적인 현황조차 파악할 수가 없다.

아바타 간 성범죄가 일어날 경우 기존 법으로 처벌하기가 쉽지 않다. 사람에게 직접 저지른 게 아니기 때문이다. 그러나 피해자는 이러한 행위로 인해 실제 피해를 보게 된다. 현재 메타버스 내 성범죄에 관한 제도나 법안이 제대로 마련되지 않은 상태다. 피해 상황 확인부터 문제 해결까지 첩첩산중이다.

메타버스로 인해 발생하는 변화의 폭과 깊이는 우주와 같이 드넓고 광활하다. 광활한 메타버스에서 우리 아이를 성범죄로부터 지키기 위해서는 사회 전반적인 교육과 안전망이 필요하다. 플랫폼 기업에서는 안전 가이드라인을 마련해야 하고 메타버스를 효과적으로 규제·통제할 수 있는 법과 기관이 필요하다.

이와 함께 실질적인 성교육을 통해 아이들에게 분별력과 판단력을 길러줘야 한다. 그래서 양육자가 먼저 메타버스와 성교육에 대해 깊이 있게 알고 있어야 한다. 아이들이 가장 영향을 많이 받고 활동하는 곳이 가정이기 때문이다. 양육자의 정성 어린 관심과 교육은 아이들이 메타버스에서 안전하게 활동하도록 안내할 것이다.

아이들은 이미 메타버스라는 플랫폼 안에서 훨훨 자유롭게 다니고 있다. 예측할 수 없는 메타버스와 디지털 성범죄에 관해 당신은 어떤 준비가 되어 있는가? 이제 양육자부터 현실처럼 다가온 메타버스와 디지털 성범죄를 대처할 방법에 관해 자세히 알아야 한다. 그래야 우리 아이들을 올바르게 안내하고 안전하게 지킬 수 있다.

영화 〈레디 플레이어 원〉이 현실이 되다

미래의 모습을 상상하며 만들어진 영화를 보다보면 '이런 일이 실제 삶에서 일어나게 될까?'라고 생각하게 되는 경우가 있다. 실제 과학기술이 발달하면서 영화에만 있을 것 같은 일들을 구현하려고 시도하기도 한다.

여기 메타버스의 세상이 도래할 것을 예견한 영화가 있다. 바로 2018년 개봉한 미국의 SF 영화 〈레디 플레이어 원〉이다. 영화계의 거장 스티븐 스필버그 감독의 연출작으로, 2045년 메타버스 세상 속에서 살고 있는 인류의 이야기를 다루고 있다.

식량 파동, 인터넷 대역폭 사태로 세상은 엉망이 된다. 암울한 세상 속에서 사람들은 메타버스 가상 세계인 '오아시스(OASIS)'에서 자신만의 아바타를 가지고 활동한다. 오아시스는 생각하는 대로 뭐든지 할 수 있고 될 수 있는 낙원이다. 이곳에서 숨겨진 이스터에그를 찾는 모험을 그린 영화다.

〈레디 플레이어 원〉은 VR(가상현실) 메타버스의 예를 아주 잘 보여주고 있다. 주인공은 스마트 글라스를 장착하고 수트를 입고 오아시스라는 디지털 가상 세계 플랫폼으로 들어간다. 그 세계에서는 현실 모습이 아닌 아바타 모습으로 움직인다. 현실과 유사한 가상 세계에서 '제2의 삶'을 꾸리는 것이다.

영화에서 나왔던 세계가 점점 현실로 다가오고 있다. 2022년 MS(마이크로소프트)는 미국의 대형 게임개발사인 블리자드를 687억 달러(약 81조 9천억 원)에 인수했다. MS 최고경영자(CEO)인 사티아 나델라(Satya Narayana Nadella)는 "게임은 오늘날 모든 플랫폼에 걸쳐 가장 역동적이고 신나는 엔터테인먼트 분야로 메타버스 플랫폼 개발에서 핵심 역할을 할 것"이라고 했다. 세계적인 기업들은 이미 이런 세상이 올 것을 예견하고 준비하고 있다.

한국 정부도 2026년까지 메타버스 시장 점유율 5위를 달성한다는 목표를 세웠다. 이를 위해 2022년에만 5,560억 원 규모의 재정을 적극적으로 투입하고 관련 제도를 개선하기로 했다. 〈레디 플레이어 원〉의 메타버스 세상으로 이미 한층 나아가고 있다는 것을 증명하고 있다.

무서운 메타버스의 흡입력과 중독성

〈레디 플레이어 원〉의 주인공 웨이드는 현실에서 빈민촌인 판잣집 같은 곳에 산다. 그는 "지금의 현실이 시궁창 같고 모두가 탈출을 꿈꾼다"라고 말한다. 그 탈출 세계가 바로 메타버스 세계인 오아시스다. 그는 오아시스에 들어가 '퍼시발'이라는 캐릭터로 훨훨 자유롭게 활동한다.

웨이드는 오아시스에서 모험가로 한껏 주목받는다. 사람들은 오아시스라는 메타버스가 현실 세계인 것처럼 생각하고 흠뻑 빠져 산다. 오아시스에서의 사회, 문화, 경제활동이 현실 세계의 삶으로 직접 연결되기도 한다. 식사, 잠, 화장실을 다녀오는 것을 빼곤 사람들은 오아시스에서 모든 걸 한다.

이 영화에서 보듯 앞으로 메타버스의 흡입력과 중독성은 단순히 인터넷과 SNS와는 비교할 수 없을 만큼 막강할 것이다. 메타버스의 가장 큰 기능 중 하나는 '정신과 정신의 연결'이다. 막강한 몰입감을 통해 사람과 사람뿐만 아니라 사람과 사물을 연결한다. 3차원 세계가 선보이고 체험시켜주는 감각은 현실 세계 그 이상으로 짜릿하고 중독적이다.

이 막강한 몰입감과 연결이 성표현물과 만나면 어떻게 될까? 방대한 시야각, 특정 배우나 사람을 통해 바라보는 시각 등 온몸으로 느끼며 구현될 수 있다. 아이들이 성표현물에 완전히 빠져들어 중독될 수 있다는 것이다.

적절히 관리·통제하지 못한다면 성표현물이 아이들을 위협하는 부작용이 나타날 것이다. 실제로 미국의 메타버스 온라인 게임 플랫폼 로블록스에서 인종차별적인 메시지와 함께 아바타가 음란 행위를 하는 장면을 미성년자에게 노출하는 문제를 일으켰다.

익명성과 무질서의 위험 속에서

메타버스 세상에서 아바타는 나라, 연령, 성별 간의 구별이 없다. 〈레디 플레이어 원〉에서 2미터가 족히 넘는 근육질의 캐릭터를 맡은 사람은 알고 보니 '흑인 여성'이었다. 메타버스에서의 만남은 블라인드 채용에서의 만남과 같다. 상대방에 대한 정보가 전혀 없기 때문이다. 누군지 모르기 때문에 수평적인 만남이 가능할 수도 있다.

반대로 가상 세계에서 자신의 실체를 숨기고 살기 때문에 그만큼 성범죄가 일어날 가능성도 커진다. 우리 아이들이 메타버스 세상에서 누군지도 모르는 사람에게 성 착취를 당한다고 생각하면 정말 끔찍할 것이다.

메타버스가 제대로 자리잡기까지 한동안은 인터넷 초기 시절처럼 많은 사람이 무질서하게 행동할 수 있다. 규칙 없는 메타버스 세계 가운데 성표현물 유포 및 판매 등 각종 온라인 범죄가 판칠 가능성이 크다. 미리 알고 대비하지 않으면 우리 아이들이 언제, 어떻게 이런 위험한 세계로 빠질지 모른다.

건강한 메타버스 성문화를 위해

무방비로 노출된 메타버스에서 우리 아이들이 어떻게 건강하게 성장할 수 있을까? 양육자부터 메타버스가 아이들에게 미칠 영향에 대해 꼼꼼하게 공부하고 준비해야 한다. 그리고 아이들에게 성교육을 통해 성적 자기결정권과 종속되지 않을 수 있는 권리를 알려줘야 한다. 성과 관련된 콘텐츠를 분별력 있게 구분하고 주도적으로 나아가는 '지혜'를 교육해야 한다. 그 힘이 바로 '교육'과 '연대'에서 온다.

〈레디 플레이어 원〉의 마지막에는 IOI라는 기업의 거대 독점 횡포에 맞서 수많은 아바타가 함께 준비하고 연대해 싸운다. 로봇, 건담, 처키, 슈퍼마리오, 춘리 등 다양한 시대의 아바타들이 함께 한다. 그곳에 모인 아바타는 특별한 사람들이 아니다. 평범한 사람들이 길거리에서 스마트 글라스를 장착한 채 연대해 승리하고 세상을 평화롭게 만든다.

이렇듯 메타버스 안에서 건강한 성문화를 만들기 위해서는 정부, 기관, 양육자까지 모두 똘똘 뭉치고 연대해야 한다. 그뿐만 아니라 메타버스 유저들이 서로 질서를 지키고 존중하며 안전한 문화를 만들어가야 한다. 메타버스와 성교육에 관한 다양한 프로그램을 아낌없이 지원해야 한다. 메타버스 세상이 중요하다고 말하면서 정작 그 안에서 성교육을 놓쳐서는 절대 안 된다. 함께 준비하고 소통해야 메타버스 세상을 안전하고 건강하게 만들 수 있기 때문이다.

아이들이 현실과 메타버스 세계 모두 인간답게 살아가도록 돕는 일이 어른들의 역할이다. 성교육을 통해 삶의 스타일을 스스로 결정할 수 있도록 안내하자. 그렇게 하기 위해서는 지금 당장 양육자부터 메타버스와 성교육에 관한 공부를 시작해야 한다.

성교육을 '제로'에서 다시 생각해야 한다

전문가들은 성교육의 중요성을 이미 오래전부터 강하게 언급해 왔다. 그랬던 만큼 현재 일어나는 다양한 성 문제들에 대해 예측했다. 그럼에도 불구하고 성교육 시스템이 제대로 자리잡지 못했고, 최근 코로나19로 인해 부족하지만 그나마 진행됐던 성교육도 많이 축소되었다.

지금까지 성교육은 중요성만 대두될 뿐, 이렇다 할 명확한 시스템 확립이 되지 않았다. 그러나 이제 이런 흐지부지한 상황은 전혀 도움이 되지 않는다. 메타버스 시대의 성교육을 위해서는 지금까지의 성교육은 잊고 새로운 성교육 패러다임으로 전환해야 한다.

변화하는 성교육 패러다임

1990년대~2000년대 초에는 강사들이 양육자 교육을 할 때 너무 억압하거나 숨기지 말라고 이야기했다. 그 전에 성에 대해 숨기고 터부시하던 사회 분위기가 있었기 때문에 성은 자연스러운 것임을 강조하는 교육을 많이 진행했다.

10여 년 전부터 현재까지는 개인의 성적 자기결정권과 경계선 존중이 굉장히 중요하다는 것이 성교육의 기본 바탕이 되고 있다. 그래서 예전에는 일상에서 엄마 아빠의 몸을 보는 것이 자연스럽게 성교육이 된다고 이야기했지만, 현재는 가족 간에도 지켜야 할 경계선이 있고 서로를 존중해야 한다고 교육하는 것이다.

메타버스 시대가 본격화되는 2022년 현재부터는 메타버스 시대를 반영한 성교육 패러다임이 나와야 한다. 이 패러다임을 다시 만들기 위해서 메타버스 시대에 대한 이해가 있어야 하는 건 당연하다.

아이들에게 성교육을 해줘야 할지 말아야 할지의 고민은 끝났다. 메타버스를 사용해보도록 허락해줄까 말까 고민하는 것은 이제 의미가 없다. 메타버스는 아이들이 살아가는 또 다른 세계이기 때문이다. 이제는 아이들이 어떤 것을 골라서 어떤 것을 통해 배우도록 할지 분별력과 판단력을 기르게 하는 게 더 중요한 포인트다.

못하게 하는 게 아니라 그 안에서 아이가 뭘 할 건지, 본인이 뭘 하고 있는지 생각해볼 수 있도록 하는 교육이 필요하고, 이런 패러다임은 성교육에 반드시 적용되어야 한다. 더불어 성 매너 교육,

성 예절 교육이 필요하다. 어른들께 인사하는 건 매일같이 잔소리하면서 왜 성과 관련해서는 언급도 안 하는가. 메타버스 세상에서도 성 예절 교육이 필수가 되어야 한다.

준비하느냐, 준비하지 않느냐

얼마 전 소그룹 성교육을 진행하러 갔다. 이 팀은 아이들이 초등학교 5학년 때부터 3년째 1년에 한두 번씩 성교육을 진행하는 팀이었다. 양육자 피드백 시간에 어떤 어머니께서 "시대가 너무 빠르게 변해서 쫓아가기가 힘들어요. 양육자가 먼저 가서 앞서 있지는 못할망정, 그래도 옆에서 같이 가줄 수는 있어야 할 거 같아요. 그러니 양육자도 노력하고 이런 교육도 계속 시키는 게 맞는 거 같아요"라는 이야기를 했다. 전문가 입장에서 전적으로 동의하는 이야기였다.

메타버스 시대에 양육자는 앞장설지 쫓아갈지 선택해야 한다. 지금까지 어른들은 성문화에서만큼은 아이들을 인도하지 못했다. 쫓아가는 데 급급했고, 어른들이 쫓아가지 못하니 그만 가라고 아이들을 다그쳤다. 어른들이 노력하고 변화시킬 생각을 하지 못하고 그저 아이들에게 움직이지 말라고 했고, 아무것도 해서는 안 된다며 겁을 줬다. 그 결과 텔레그램 성 착취 사건과 같은 수많은 심각한 성 문제가 발생하게 되었다.

세상이 급변하고 있다. 우리가 상상하지 못할 정도의 변화가 일어나고 메타버스가 아이들의 일상이 되고 있다. 그 변화를 받아들이기 위해 가정, 학교, 지역, 나라가 준비할 때와 방관할 때 나타날 차이에 대해 생각해보자. 방관하는 쪽은 우리가 상상하지도 못할 변화에 따르는 엄청난 성 문제들이 발생할 것이다. 그리고 그 문제들을 쉽게 수습할 수 없는 지경에 이를지 모른다. 그렇게 된다면 우리는 아이들을 보호할 수 없게 된다. 어떤 아이들은 괴물 같은 가해자가 될 수도 있고, 어떤 아이들은 피해를 당하면서도 어른들과 사회를 신뢰할 수 없어 무기력하게 당하고 살게 될 수도 있다.

'제로'에서 함께 시작하자

메타버스 시대의 성교육은 단순히 강사가 강의를 잘하거나 똑똑하다고 해서 잘할 수 있는 영역이 아니다. 성교육은 성문화를 파악하고 시대적 흐름을 따라가야 한다. 시대를 반영한 성교육을 하려면 그 시대를 살고 그 시대를 잘 알고 있는 전문가여야 한다. 지금까지의 성교육은 올드한 부분이 많다. 아직도 20세기 성인 잡지나 성인 영화를 보던 시절 이야기만 하고 있다. 그렇기 때문에 제로에서 다시 시작해야 한다.

자주스쿨은 2021년부터 메타버스 시대의 성교육에 대해 연구하고 대비하고 있다. MZ 세대인 성교육 강사로서 알파 세대의 아이들이 어떻게 하면 메타버스 안에서 밝고 건강하게 나아 갈 수 있는가에 대해 고민하고 대처방안을 제시하는 게 전문가의 역할이라는 사명감을 가지고 연구하고 있다.

메타버스 시대에 아이들을 어떻게 적응시킬 것인가, 어떻게 메타버스를 이용하게 할 것인가에 대해 어른들이 먼저 알고 교육하는 것은 피할 수 없는 일이다. 아이들의 성문화도 마찬가지다. 메타버스 시대에 아이들이 어떻게 건강하고 안전하게 성문화를 만들어가게 할 것인가, 메타버스와 관련해서 성과 관련된 부분은 어떻게 판단하고 구별하게 할 것인가 교육해야 한다. 그 교육을 위해서는 기존의 성교육을 잊어야 한다. 그리고 '새로운 성교육 패러다임'을 가지고 올바른 문화를 만들고 아이들과 대화하며 관심을 가져야 한다. 그리고 함께 적응해나가는 게 필요하다.

메타버스는 일상이다. 그러니 아이들과 가장 많은 일상을 함께 하는 양육자가 움직여야 한다. 다만, 양육자는 전문가가 아니기 때문에 어려울 수 있다. 그래서 전문가들이 양육자와 연대해야 한다. 지금은 잘 선택해야 할 때다. 그리고 고민보다는 움직여야 할 때다. MZ 세대의 강사들이 최선을 다해 우리 아이들의 안전한 메타버스 성문화를 위해 연구하고 움직이고 있으니, 우리 아이들을 위해 양육자도 함께 움직여주길 바라는 마음이다.

2장

새로운 우주 속에서 차원이 다른 성을 접하는 아이들

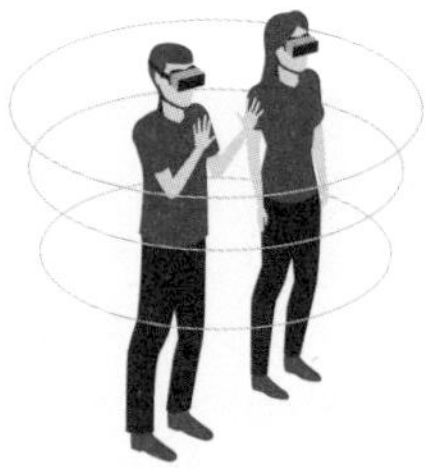

아이들에게 메타버스는 더 이상 가상 공간이 아니다

요즘 우리에게 스마트폰은 한몸과도 같다. 지하철 등 어디를 다녀도 사람들 대부분이 스마트폰만 뚫어지게 쳐다보고 있다. 그래서 지금 인류를 '포노 사피엔스(Phono Sapiens)'라 부른다. 포노 사피엔스는 스마트폰(Smartphone)과 호모 사피엔스(Homo Sapiens, 인류)의 합성어로, 휴대전화를 신체 일부처럼 사용하는 새로운 세대를 뜻한다.

태어날 때부터 스마트폰을 썼던 알파 세대 아이들은 그야말로 원조 포노 사피엔스다. 여기에 코로나19는 아이들이 스마트폰과 메타버스 세상으로 빠질 수밖에 없도록 만들어놓았다. 대면에서 비대면 사회로 완전히 판을 바꾸어놓은 것이다.

메타버스의 특징은 일단 들어오면 오랜 시간을 보낸다는 것이다. 현재 가장 진화한 형태의 메타버스로 평가받는 '로블록스' 이용자의 하루 평균 사용 시간은 무려 '156분'이다. 틱톡이 58분, 유튜브가 54분, 인스타그램이 35분인 것에 비해 3~5배가 높다. 미래학자인 로저 제임스 해밀턴(Roger James Hamilton)은 "2024년 우리는 현재의 2차원(2D) 인터넷 세계보다 3차원(3D) 가상 세계에서 더 많은 시간을 보낼 것"으로 예측했다. 디지털 원주민인 아이들에게 3차원 메타버스는 현실 세계와 동떨어진 세계가 아닌 진짜 '현실 세계'가 되어가고 있다.

아이들은 디지털 원주민, 어른들은 디지털 이주민

디지털 원주민은 태어날 때부터 PC, 휴대전화, 인터넷 같은 디지털 환경과 함께 성장한 세대를 말한다. 마치 모국어처럼 디지털 기기를 다룬다는 의미로 디지털 원주민이라고 부른다. 반면 디지털 이주민은 아날로그 문화에서 디지털 문화로 이주해 온 세대다. 아이들은 디지털 원주민, 어른들은 디지털 이주민이라 할 수 있다.

아이들은 디지털 기기를 마치 신체의 일부처럼 다룬다. 나이가 어리다고 디지털 기기를 못 다룬다 생각하는 것은 큰 착각이다. 얼마 전 다섯 살 조카가 스마트폰으로 메타버스 게임을 능수능란하게 하는 모습을 보고 깜짝 놀랐다. 게임 속 아바타를 활용해 미션을 하나씩 클리어하는 모습을 보며 나는 입을 다물지 못했다. 디지털 기기와 문화를 초스피드로 습득하고 있었다. 아이들에게 디지털 환경과 메타버스는 배워야 할 제2외국어가 아니라 어느새 습득된 모국어인 것이다.

디지털 원주민에 해당하는 아이들은 스마트폰, PC의 세계를 겁내지 않는다. 새로운 경험과 체험을 하는 것을 좋아한다. 일단 무엇이든 호기심을 가지고 건드려본다. 이렇게 무심코 건드리다가 언제, 어떻게 성표현물이나 성범죄에 노출될지 모른다. 예컨대 여섯 살 남자아이가 유튜브를 통해 우연히 성관계 영상을 본 후 지속적으로 보았다. 며칠 뒤 아이는 어린이집에서 같은 반 여자아이들의 엉덩이에 자기 성기를 비비기 시작했다. 유튜브에서 봤던 동물들이 성관계하는 것을 무심코 따라 했던 것이다. 이 일로 인해 어린이집은 성폭력 사건으로 발칵 뒤집혔다.

현실과 같은 메타버스에서 일어나는 성 문제

아이들에게 메타버스가 더욱 현실 세계처럼 느껴지는 이유가 있다. 현실 세계와 같이 메타버스에서 사회적·문화적·경제적 활동을 하고 있기 때문이다. 메타버스는 일반 게임과 달리 단순히 노는 공간이라는 것에서 한발 더 나아가 경제활동을 하는 곳으로 자리를 잡아가고 있다. 경제활동은 더 많은 사람들을 메타버스에 끌어들이고 머물게 하는 강력한 자극제다.

로블록스에는 '로벅스(Robux)', 제페토에는 '젬(Zem)'이라는 전용 화폐가 있다. 사용자는 이들 가상화폐로 자신을 꾸미는 옷, 아이템을 구매할 수 있다. 2000년대 한창 유행하던 싸이월드의 가상화폐 '도토리'와 비슷하다. 그런데 실제 메타버스에서 벌어들인 수익은 현금으로도 바꿀 수 있다. 로블록스에서 많게는 한 해 10억 원이 넘는 거액을 벌어들이는 청소년도 있다.

3D 메타버스 기술은 현실과 같은 생생함과 몰입감을 준다. 이렇게 현실과 비슷한 환경이기 때문에 현실에서 일어나는 감정과 문제들이 똑같이 일어난다. 실제 한 학생은 메타버스 게임에서 아바타로 만난 친구가 마음에 들어 사귀자고 고백했다. 그러나 상대 아바타가 거절했고 곧장 떠났다. 아바타로 고백한 학생은 곧바로 현실 세계처럼 우울증에 걸렸다. 마치 현실 세계의 이별과 맞먹는 고통을 느낀 것이다.

메타버스는 24시간 쉴 틈 없이 돌아가고 있으므로 성범죄에 더 쉽게 노출될 수 있다. 학교나 다른 환경에서 벌어지는 성범죄일 경우 집으로 오면 성 착취에서 물리적 거리를 둘 수 있다. 그러나 메타버스에서 벌어지는 온라인 성폭력은 시공간의 경계가 없다. 언제, 어디서든 성폭력에 노출될 수 있다는 것이다.

10대는 아직 성에 관한 인식이 형성되어가는 중이다. 이런 상태에서 3차원 메타버스 성표현물과 성폭력에 노출되면 어떻게 될까? 성에 관해 폭력적이고 왜곡된 인식이 형성될 수 있다. 메타버스 세계에 흠뻑 빠져 있으므로 실제 현실 세계와 혼동할 우려도 있다. 우리가 아무 준비 없이 맞이한다면 메타버스에서 벌어지는 성 문제와 중독은 상상을 초월할 것이다.

실제와 다를 바 없는 메타버스 세상

아이들에게 메타버스는 이제 현실 세계다. 우리가 실제 만나 밥을 먹고 카페에서 이야기를 나누며 친해지듯 아이들은 메타버스에서 친밀히 소통하고 있다. 메타버스는 곧 아이들이 맘껏 뛰어 노는 놀이터와 같다.

메타버스는 일반적인 현실에서 벗어나 플레이어를 강렬하고 완전하게 흡수한다. 게임만 하더라도 수십 시간 이상을 하면 내가 현실 세계에 있는 건지 게임 세계에 있는 건지 헷갈릴 때가 있다. 메타버스는 이보다 훨씬 더 강력한 중독성을 가지고 있다. 비단 아이들 뿐만 아니라 성인들도 이 세계에서 자유롭게 활동하고 있다.

현재 스마트폰 사용이 일상생활에 스며든 것처럼, AR(증강현실) 스마트 안경 등 '실시간성'을 토대로 한 메타버스 시대가 곧 도래할 수 있다. 점점 기술이 향상되면 AR 안경이 스마트폰처럼 이용자들에게 익숙해질 것이다. 만약 이런 기술이 '성'과 연결되면 어떻게 될까? 2D로 보았던 성을 3D 입체로 경험하고 체험하는 순간 걷잡을 수 없이 흡수되고 빠져들 것이다.

이미 아이들에게 현실 세계가 된 메타버스와 성문화에 대해 양육자들이 반드시 공부하고 알아야 하는 이유다. 스마트폰, PC를 넘어 이제 메타버스는 현실의 삶과 공존하고 있다. 앞으로는 포노 사피엔스를 넘어 호모 메타버스 시대로 갈 것이다.

디지털 원주민인 아이들이 메타버스로 이주하고 있는데 이주민인 우리 어른, 양육자는 무엇을 하고 있는가? 현실 세계까지 뻗

쳐온 메타버스와 진화하는 성 문제에 관해 먼저 제대로 알아야 한다. 우리도 메타버스를 현실 세계처럼 생각하고 인지해야 아이들을 이해하고 위험으로부터 지킬 수 있다. 성교육을 통해 아이들이 3차원 메타버스 세계를 살아가기 위한 올바른 분별력과 판단력을 갖도록 도와야 한다.

언택트 시대가 가져온 대담함과 위험성

코로나19는 직장 업무와 학교 교육의 방향을 180도 바꿔버렸다. 대면에서 비대면으로, 오프라인 사회에서 온라인 사회로 변화시킨 것이다. 코로나19가 장기화하면서 자리잡은 기업 문화가 있다. 바로 '리모트 워크(Remote Work, 원격근무)'다.

리모트 워크는 자신의 업무 스타일에 맞춰 다양한 공간에서 자유롭게 일하는 방식이다. 업무 환경 개선을 통해 효율성과 생산성을 높이기 위한 취지로 시행되고 있다. 이런 원격근무는 앞으로 더 활성화될 것이다. 우리만 하더라도 열 명이 넘는 선생님들이 줌이라는 플랫폼을 이용해 화상회의를 진행하고 있다. 시공간의 제약이 없기 때문에 시간 맞추기도 수월하고 업무의 효율성이 높아졌다.

리모트 워크는 현재 직장 내뿐만 아니라 학교에서도 시행 중이다. 코로나19 이후로 학교에서는 대부분의 수업을 비대면 교육으로 전환했다. 수천 년간 대면으로 진행했던 교육 환경에 대혁명이 일어난 것이다.

비대면 교육의 명과 암

비대면 교육의 장점은 무수히 많다. 학생들은 공간의 제약을 받지 않고 어디서든지 학습할 수 있다. 코로나19 같은 전염병으로부터도 안전하고 학습할 수 있는 공간과 경험이 확대된다. 교육자보다는 학습자의 주도성이 강화되어 자기 주도적 학습이 가능하게도 만든다.

자주스쿨의 경우에도 2020년 코로나19 팬데믹 이후 강의의 90% 이상이 비대면으로 전환되었다. 많은 이들이 강의가 줄어들지 않았냐고 걱정했는데 오히려 늘었다. 입소문의 영향도 있지만, 이동 시간이 없어졌기 때문에 하루에 한두 개 정도 진행하는 강의 수가 1.5배 이상 늘었다. 직접 멀리까지 이동하지 않고 집이나 회사에서도 교육할 수 있으므로 매우 편리하다. 비대면으로만 수백 회의 강의를 진행하면서 오히려 대면 수업이 어색해질 정도로 비대면 교육에 완벽히 적응했다.

반대로 비대면 교육의 단점도 분명히 존재한다. 온라인으로 교육을 들으면 수업에 제대로 참여하지 않는 학생들을 관리하기가 매우 어렵다. 게다가 학생들이 초상권 문제와 사생활 노출 문제 때문에 비디오 사용을 꺼릴 수 있다. 온라인에서는 비디오, 오디오를 활성화하지 않으면 상대방이 무엇을 하는지 도통 알 수 없다. 게다가 직접 만나지 않기 때문에 학습자의 수업 집중도가 낮아진다. 집중도가 낮아지는 만큼 학생들이 다른 온라인 환경에 빠져들기 쉽다. 2020년 경기도교육연구원이 경기도 초·중·고교생 20만 85명을 대상으로 한 설문조사에 따르면, 고교생들은 원격 수업의 단점으로 '집중력이 떨어지고 인터넷 검색, 소셜미디어(SNS) 등을 자주 한다(22.8%)'를 가장 많이 꼽았다.

이렇듯 온라인 수업을 진행하면 집중도가 낮아지고 인터넷을 무분별하게 이용하는 부작용이 생기기도 한다. 학교 원격 수업에서 인터넷 자료와 유튜브 링크를 첨부하는 일이 많다. 그러면서 알고리즘에 의해 자연스럽게 성과 관련된 잘못된 콘텐츠에 노출될 가능성도 있다.

생방송으로 실시간 참여 가능한 온라인 성 착취

비대면 교육 하면 먼저 떠오르는 것이 1인 미디어다. 1인 미디어 시대가 오면서 누구나 방구석 어디서든지 생방송이 가능하게 되었다. 특히 성과 관련되어 콘텐츠가 노출될 수 있는 범위도 우주와 같이 넓어진 것이다. 자극적인 콘텐츠나 성표현물이 유튜브에만 있는 것은 아니다. 아프리카TV, 틱톡, 트위치 등 동영상 플랫폼이 증가하면서 성적인 콘텐츠의 증식 속도도 걷잡을 수 없이 늘어나고 있다.

몇몇 BJ들이 생방송으로 벗방(옷을 벗은 채 방송하는 것) 또는 음란 행위를 해 아이템을 받아 돈을 버는 경우도 있다. 개인 방송 플랫폼 아프리카TV에서는 한 BJ가 지적장애 여성을 상대로 성추행을 하는 모습이 그대로 생방송으로 송출되기도 했다. 이런 플랫폼이 문제가 되는 이유는 해당 영상의 시청자 중 상당수가 10대들이기 때문이다.

게다가 주로 시청만 하는 TV 프로그램과 달리, 댓글로 크리에이터 또는 BJ와 직접 소통이 가능하다. "좀 더 벗어봐!", "가슴 보여줘!", "키스해봐!" 등의 댓글을 달며 자극적인 행동이나 성폭력 등을 부추기는 때도 있다. 물리적 거리의 혁명이 단순히 보는 것을 넘어 직접 참여하는 성 착취 문화를 만들고 있다.

비대면 수업 도중에 일어난 성폭력

이렇게 새롭게 열린 비대면 세상은 성폭력의 경계마저 무너뜨렸다. 학교 온라인 수업 도중에 성폭력이 발생하기도 한다. 한 여자 담임교사는 초등학교 6학년 남학생에게 성희롱을 당했다. 학생이 줌 프로그램에서 선생님에게 채팅을 보냈는데 "휴, 힘들었다. 선생님 XX에 XX 넣어도 돼요?"라며 노골적인 성희롱 메시지를 보낸 것이다.

어느 중학교에서는 수업 과제를 올리는 온라인 공간에 한 학생이 성기 그림을 올렸다. 함께 수업에 참여했던 학생들은 성적 불쾌감을 느꼈다. 심지어 몇몇 학생들은 학생들만 있는 채팅방에서 선생님의 사진을 두고 "○○○ 먹고 싶다"라며 성희롱적인 발언을 일삼았다. 게다가 원격 수업은 얼굴, 목소리를 녹화·녹음·기록하기 쉽다. 이에 대한 초상권 보호 대책도 거의 존재하지 않는다.

실제로 학교에서 선생님들의 불안이 이만저만이 아니다. 대면 수업 중에는 문제를 일으키는 학생을 어느 정도 제어할 수 있지만, 온라인에서는 매우 힘들다. 수업 도중에 행여 성폭력 사건이 발생할까 봐 선생님들은 노심초사하며 극도의 불안감을 느끼고 있다.

비대면 교육이 늘자 소셜미디어(SNS)나 원격 수업 프로그램 등을 악용한 성폭력 피해 사건도 증가 중이다. 특히 10대 디지털 성범죄 피해자 수가 기하급수적으로 증가했다. 한국여성인권진흥원에 따르면 2021년 9월까지 디지털 성범죄 피해자 수는 1,268명으로 2018년 111명의 11.4배 수준으로 늘었다. 2020년부터 10대 피해자 수는 20대를 앞지르기 시작했다.

리모트 워크를 활성화하는 메타버스

특히 메타버스는 리모트 워크 세상을 큰 폭으로 활성화할 것이다. 김한 저자의 《스마트오피스 레볼루션》(라온북, 2021)에서는 "메타버스 기술을 활용하면 가상현실이 구축된 회의실에서 각자의 아바타로 만난다. 메타버스 기반 회의에서는 무제한으로 띄울 수 있는 모니터를 통해 장비의 제한에서도 자유로울 수 있다. 메타버스는 기존 리모트 워크의 장점을 그대로 유지하면서 소속감과 현장감을 높이고 소통을 더욱 원활하게 한다"라고 했다.

메타버스에서는 마치 현장에 있는 것 같은 생생한 소통이 가능하다. 메타버스는 지금 리모크 워크 환경보다 더 입체적이고 실제적인 느낌을 줄 수 있다. 게다가 아바타로 활동하기 때문에 부담이 줄어들 수 있다.

이런 메타버스가 'N번방 성 착취 사건'과 같이 악용되면 어떻게 될까? 단순히 보고 채팅으로 참여하는 것 이상의 현장감을 우리 아이들이 경험하게 될지 모른다. 그 안에서 일어나는 잔학무도한 폭력성, 선정성, 파괴력은 화산 폭발처럼 거대할 것이다. 아이들에게 가학적인 행동과 폭력을 기름에 불붙듯이 부추길 수 있다.

리모트 워크 세상이 가속화될수록 특히 가정에서 양육자의 역할이 중요하다. 아이들이 가정에 있는 시간이 몇 배로 늘어났기 때문이다. 이럴수록 아이들에게 양육자의 관심과 보살핌이 필요하다. 양육자가 성에 관해 아무것도 알지 못하면 아이들이 무슨 일을 겪게 되는지 모르고 제대로 대처할 수도 없다. 이제 성교육의 개념을 가상 세계로 확장해 받아들일 수 있는 열린 사고를 해야 한다. 메타버스와 성에 관해 올바르게 이해해야만 다가오는 리모트 워크 세상에서 우리 아이들이 안전하게 성장할 수 있다.

나는 아바타와 '한 몸', 경계가 사라지다

메타버스 안에서는 심리적·신체적 경계가 무너지기 때문에 누구를 만나는 게 훨씬 쉬워지고 신체적 감각도 현실과 다르지 않게 경험할 수 있게 된다. 그렇기 때문에 메타버스가 지금보다 더 일상에 적용되면 우리 아이들은 메타버스 안에서 첫 성 경험을 하게 되거나 습관적으로 성 욕구를 해결하는 상황이 발생할 수 있다.

불가능 없는 세상, 메타버스

아이들에게 온라인 세상은 자신들의 라이프스타일을 구축하고 원하는 것을 얻기 충분한 곳으로 자리매김하고 있다. 메타버스는 기존의 어른들이 자주 하는 '안 된다', '하지 마라' 같은 부정적 메시지가 영향을 주지 않는 세상이다. 아이들은 메타버스 안에서 무엇이든 할 수 있고, 현실에서 미성년자로서 억압당하는 많은 것들에서 자유로울 수 있다. 또 현실에서 불가능한 것들을 경험하고 실현해볼 수 있다.

예를 들어 요즘 10대들이 고가인 명품을 많이 산다고 하지만, 그래도 대부분의 아이들에게 명품은 내가 현재 살 수 없는 브랜드다. 그러나 메타버스 플랫폼 제페토 안에서는 명품 매장을 마음껏 둘러볼 수 있고 마음에 드는 게 있으면 구매도 가능하다. 현실에서는 내가 좋아하는 연예인을 직접 만나는 것은 꿈에서나 가능한 이야기일 수 있지만 메타버스에서는 충분히 가능하다. 표를 구하는 것도 불가능한 아이돌 콘서트를 쉽게 들어갈 수 있고 내가 좋아하는 '최애'와 똑같은 옷을 사 입고 인증 샷도 가능하다. 불가능이 없는 세상이라니 아이들이 빠져들 수밖에 없다.

그렇다면 성과 관련된 부분은 어떨까? 성과 관련된 부분이야말로 어른들이 하면 안 된다고 하는 아주 고질적 주제다. 성과 관련된 부분도 메타버스 안에서는 불가능이 없다고 생각해보면, 자녀를 키우는 양육자 입장에서는 좋은 상상보다는 끔찍한 상상이 더 많이 되는 게 사실이다.

가상과 현실의 구분

3D 메타버스 시대에 가상과 현실의 구분은 어느 정도 가능할

까? 여기에서 구분이라는 것은 인지적 구분이 아니다. 심리적으로 얼마나 의존하느냐에 관한 부분이다.

1998년 게임 리니지가 출시된 후 리니지에 중독된 사람들이 굉장히 많아졌다. 학교 수업을 빠지고 리니지를 하던 학생들뿐만 아니라, 게임머니나 좋은 아이템을 얻기 위해 아르바이트생을 써가면서까지 캐릭터를 여러 개 키우고 온종일 게임을 돌리는 사람들이 수두룩했다. 리니지의 인기가 높아질수록 놀랄 만한 사건들도 발생했는데, 선배들에게 끌려가서 며칠 동안 리니지만 계속 시키더라는 이야기가 들리기도 하고, '현피(현실+Player Kill)' 사건이 발생하기도 했다. 리니지 상에서 싸우거나 본인의 캐릭터를 죽인 사람을 찾아가 실제로 폭행을 한 사건인데, 이는 사람들이 리니지라는 게임에 빠져들어 가상과 현실을 구분하지 못하고 캐릭터에 감정이입을 해서 실제 폭행이나 칼부림까지 하게 되는 상황을 잘 보여주었다.

이렇게 2D에서도 가상과 현실을 구분하지 못하는데, 그보다 훨씬 몰입감 있는 3D는 어떨까? 3D에 있는 아바타에게 감정이입을 하고 자신과 동일시할 가능성은 2D보다 훨씬 높다. 이런 현상이 아이들의 성의식에 주는 영향은 어마어마할 수밖에 없다. 아이들은 특별한 노력 없이도 자신이 원하는 다양한 성적 이미지나 영상을 3D로 볼 수 있고, 제3자의 시각으로 지켜보는 것뿐만 아니라 그 상황의 당사자가 되어 움직이고 경험할 수 있게 된다. 그런 경험을 통해 어려움 없이 이상적인 성적 쾌감을 획득할 수 있다. 이런 일은 메타버스 가상 세계에서 가능하지만, 이 세계에 익숙해지면 현실에서도 특별한 노력 없이 자신이 원하는 성적 쾌감을 얻으려 할지도 모른다.

3차원에서 일어날 성중독

현실에서 청소년들이 성과 관련해서 갈구하는 게 어떤 부분인지 생각해보면 얼마나 그 부분에 취약한지도 연결해서 생각할 수 있다. 청소년 성행동 비율이 높아지긴 했지만, 여전히 사회적으로 청소년들은 무성의 존재로 남아 있길 바라며 청소년들의 성생활에 대한 존중이나 배려는 없다. 청소년들은 성 행동을 하지 않아야 하는 존재이며 성호르몬 분비가 최고조에 달하는 시기임에도 불구하고 성욕은 무조건 참거나 운동으로 푸는 게 좋다고 교육한다. 그렇기 때문에 청소년들은 성욕이 생기는 것 자체에 대해 죄책감을 느끼고, 안전하게 성욕을 해소하는 방법을 안내받지 못해 몰래 해소하고 숨기는 것에 익숙하다.

그렇다면 메타버스 성문화 시대에 청소년들은 무엇을 경험하게 될까? 메타버스가 더 활발하게 사용되면 청소년들이 다른 연령보다 압도적으로 메타버스를 많이 활용하게 될 것이다. 그리고 청소년들은 현실의 억압을 피해 메타버스에서 자신의 성욕과 호기심을 채우려 할 것이다. 현실에서의 결핍, 욕구, 억압을 메타버스에서 손쉽게 해소할 수 있게 되는 것이다. 심지어 메타버스에서 성욕을 해소하더라도 본인이 발설하지 않으면 그 누구에게도 들키지 않을 수도 있다.

현실과 가상에서의 갭이 커질수록 더 좋고 편리한 쪽을 선호하게 되고, 그러다 보면 점점 의존하고 빠져들게 된다. 아주 자연스럽게 청소년들은 메타버스 성중독에 빠지는 것이다. “아이가 방에서 성표현물을 보면서 자위를 너무 자주 해서 고민이에요”라는 양육자의 상담 내용이, “아이가 메타버스 안에서 섹스돌이나 AI 섹스파트너를 두고 있어서 고민이에요”라는 내용으로 바뀌게 될 수 있다. 이런 고민 내용은 상담 전문가 입장에서도 막막하다. 이미 빠진 메타버스 성중독에서 아이를 구해내는 게 쉬울 수 없다. 별다른 노력 없이도 내 취향에 정확하게 맞는 방식으로 선택적으로 성을 경험하고 완벽한 성적 쾌감까지 느낄 수 있는 세상에서 빠져나오지 않으려고 할 것임은 분명하기 때문이다.

아바타도 성폭력을 당한다고요?

메타버스에서 아바타 간 성범죄가 일어나고 있다. '아바타'란 가상 세계에서 자신의 역할을 대신하는 캐릭터다. 분신, 화신(化身)을 의미하는 말에서 유래하였다. 메타버스 안에서는 가상의 아바타를 가지고 활동한다. 현재 여기에서 아바타 스토킹, 불법 촬영, 성희롱 등 성범죄 문제가 발생하고 있다.

실제로 메타버스 플랫폼에서 한 성인이 아홉 살 아이 아바타에게 자신의 아바타로 "앞에 잠깐 서봐"라고 말하며 성기를 계속해서 비비는 듯한 행동을 하는 성폭력이 발생했다. 메타버스 속 아바타는 자신과 동일시된다. 아바타가 성범죄를 당하면 아이들은 현실에 버금가는 정신적 충격을 받을 수 있다. 게다가 메타버스 아바타 간 성범죄는 현실 속 성범죄까지 초래할 수 있다.

아바타 간 성범죄가 일어나는 이유

메타버스에서 아바타 간 성범죄가 두드러지게 발생하는 이유는 무엇일까? 현실과 같은 권력과 젠더의 문제가 있고, 여기에 '익명성'이라는 무기까지 존재하기 때문이다.

우선 성폭력은 인간을 인간으로 존중하지 않고 단순히 물건처럼 타자화했을 때 일어난다. 사람에 대한 존중 의식이 부족하기 때문이다. 여기에 권력을 가진 사람이 상대적인 약자에게 자신의 권력을 남용하거나 악용할 때 발생한다.

권력의 차이뿐만 아니라 젠더의 문제이기도 하다. 특히 여성을 동등한 인격체로 보지 않고 성적 대상화로 바라봤을 때 발생한다. 게다가 아바타의 성별은 실제 아바타를 만든 사람의 성별과 일치하지 않는 경우도 있기 때문에 혼란스러움을 가늠할 수 없을 정도다. '성적 대상화'란 자신의 성적 욕구와 즐거움을 위해 상대방의 의사를 무시한 채 사람을 물건이나 도구처럼 대하는 것을 말한다. 성적 대상화는 채팅, 게임, 단톡방 등 온라인에서 쉽게 일어난다. "○○는 얼굴이 진짜 X나 이쁘더라. 카톡 사진 보니까 엉덩이도 크고 몸매도 죽여줘. □□는 돼지야. 진짜 못생겼더라"처럼 '얼평'이나 '몸평' 같은 것이 성적 대상화의 예가 될 수 있다. 특히 온라인과 게임상에서는 직접 대면하지 않기 때문에 평소보다 자극적인 말을 쉽게 꺼낼 수 있다.

메타버스 속에서는 디지털 성범죄가 더욱 '진화'하고 '강화'될 수 있다. 메타버스는 가상 공간과 익명성을 기반으로 하므로 윤리 의식이 약해질 뿐만 아니라 성범죄에 대한 죄책감 또한 현실 세계보다 가벼워지는 경향이 있다. 아바타를 디지털 데이터로만 생각할 수 있기 때문이다. 단순히 아바타끼리의 행동이라 생각하고 상대방에게 성폭력을 가하는 것에 별다른 죄책감을 느끼지 못한다. 현실 세계보다 죄를 가볍게 인식하는 경우가 많은데 이는 분명 잘못된 생각이다.

그뿐만 아니라 디지털 성범죄에 대한 문제의식까지 약화될 수 있다. 익명성이라는 무기 안에 현실에서 하지 못하는 행동들을 마음껏 할 수 있고, 비교적 적극적이고 공격적인 태도가 전제되며, 직접 보지 않기 때문에 자극적인 말을 내뱉고 함부로 행동할 수 있다. 자칫 10대들이 이런 성범죄 행위들을 자연스럽게 내면화하고 이를 범죄 행위로 인식하지 못할까 봐 걱정이 된다.

메타버스 속 아바타 스토킹

10대들의 놀이터라고 부르는 '제페토'에서 열 살 여아가 사이버 스토킹과 성희롱을 당했다. 파티장을 구현한 가상 공간에서 B씨의 아바타가 초등학생 A양의 아바타를 계속해서 쫓아온 것이다. B씨의 아바타는 계속해서 A양 아바타에게 말을 걸었다. A양 아바타가 이를 계속 무시하자 갑자기 "XX, X 같은 X"이라는 욕설과 성희롱성 발언을 퍼붓기 시작했다. 이것도 모자라 가까이 접근해 의도적으로 신체를 접촉하기도 했다.

한편 열네 살인 한 여학생은 수영장을 구현한 가상 공간에서 마주친 한 남성 아바타에게 성희롱을 당했다. 이 남성은 음성 채팅 기능을 통해 "가슴이 크네?", "속옷 벗어봐" 등의 성희롱 발언을 했다. 그것도 모자라 여학생의 아바타를 더듬고 만지기도 했다. 학생 아바타에게 "앉아", "한 번 엎드려봐"라고 말하며 좌절 자세(엎드리는 자세)를 취하게 한 후 성행위를 연상케 하는 동작을 하기도 했다. 결국 이 여학생은 이런 성폭력을 견디지 못해 계정을 잠시 탈퇴했다. 하지만 결국 양육자에게는 말하지 못했다. 가뜩이나 제페토를 하는 것에 대해 걱정하는데 이런 말을 하면 아예 하지 못할 것 같아서였다. 이렇듯 아바타 간 성폭력이 비일비재하게 벌어지고 있다.

아바타 간 성범죄는 현실의 '충격'으로 다가온다

'아바타끼리의 성범죄가 현실과 무슨 상관이 있나?'라고 생각하는 건 큰 오산이다. 가상 세계의 캐릭터는 곧 자신과 동일시된다. 아바타의 고통이 곧 현실의 고통으로 다가오기 때문이다. 나는 청소년기에 리니지라는 RPG(Role-Playing Game)를 했다. 게임 속 캐릭터를 현실의 나라고 생각하고 애지중지하며 키웠다. 내 캐릭터가 보스 몬스터를 잡고 레벨 업과 동시에 값비싼 아이템을 획득했을 때 인생에서 짜릿한 행복의 순간을 만끽했다.

그러던 어느 날 몬스터 사냥을 하는 사이에 내 캐릭터를 누가 죽여 아이템을 강탈해갔다. 그때 마음속 깊이 얼마나 분노가 차올랐는지 모른다. 게임 속 캐릭터의 고통이 마치 나의 고통과도 같았다. 마음이 갈기갈기 찢기는 고통이었다. 며칠 동안 죽은 캐릭터와 잃어버린 아이템을 생각하며 끙끙 앓았다.

한국게임학회장인 위정현 중앙대 교수는 "아바타는 자신과 동일시되기 때문에 아바타가 성희롱, 폭력, 살인 등을 당하면 아이들은 현실과 똑같은 정신적 충격을 받는다"라고 했다. 실제로 아바타 성폭력을 당했던 아이가 충격을 받아 학교에 가지 못하는 경우도 있었다. 아이는 "주변에 있는 사람이 저를 만지고 해칠 것 같아 무서워요"라고 했다.

아바타 간 성범죄가 현실 속 성범죄를 부른다

우리는 게임 속의 다툼이 곧 현실 세계로 넘어와 살인까지 벌어졌다는 뉴스를 심심찮게 본다. 가상 세계는 단순히 가상 세계가 아니라 또 하나의 현실 세계다. 초등학교 5학년 남학생 A군은 메타버스 아바타로 만난 B씨와 친분을 쌓아갔다. 자신의 이야기를 잘 들어준 B씨는 A군에게 실제로 친해지자며 메신저로 옮겨 성적 대화를 주고받았다. 둘은 점점 친해졌고 B씨는 직접 A군을 만나 성폭력까지 저질렀다. 메타버스에서 아바타로 만나 실제 현실에서까지 성범죄가 일어난 것이다.

가장 큰 문제는 메타버스에서 성범죄가 일어나도 처벌이 어렵다는 것이다. 상대 아바타를 만지거나 유사 성행위를 하는 행위는 현행법상 처벌하기 어렵다. 형법상 강간죄나 유사 강간죄가 성립하려면 신체 특정 부위에 대한 직접적인 접촉이 있어야 하기 때문이다.

게임에서 절도나 살인을 해도 처벌받지 않는 것처럼 메타버스에서 성폭력을 해도 처벌하기 어렵다. 그래서 메타버스 관련 기업은 윤리적인 기준과 행동 규제를 마련해야 한다. 이에 따른 법적 처벌이 가능하도록 형법도 개선해야 한다.

양육자들은 단순히 '아바타'끼리의 일이라고 치부해서는 안 된다. 아이들에게 아바타 세계가 곧 현실 세계이기 때문이다. 양육자들이 먼저 '메타버스와 아바타 세계'에 관심을 가져야 한다. 아바타는 자신의 '분신'이라고 말했다. 분신과도 같은 아바타를 지혜롭게 다루고 안전하게 활동하도록 교육하고 힘써야 한다.

화려한 아바타 속에 감춰져 있는 그루밍 성 착취

3차원 가상 세계 '메타버스' 이용량이 증가하면서 성 착취 등 새로운 유형의 범죄가 늘어나고 있다. '성 착취'란 성행위나 이에 준하는 행위를 강제로 하거나 이를 통해 이익을 취하는 범죄로, 현재 메타버스가 아동·청소년 성 착취의 온상이 되고 있다. 가상 캐릭터인 '아바타'를 아이돌처럼 화려하게 꾸미고 여기에 관심을 보이는 아동·청소년에게 접근해 성 착취를 하고 있는 것이다.

그러나 점점 증가하는 메타버스 성 착취 범죄에 비해 이에 따른 대처 방법과 안전장치는 현저히 부족하다. 그런 현실 속에서 아이들은 점점 성범죄에 노출되고 있다.

온라인 성 착취, 메타버스로 확장되고 있다

메타버스 플랫폼인 '제페토'에서는 한 성인이 열두 살 여아에게 게임 아이템을 주겠다며 접근했다. 그리고 아이에게 지속해서 신체 부위 사진을 요청했고, 아이는 사진을 촬영해 그 성인에게 전송했다.

그 이후에 친밀했던 가해자의 태도는 급작스럽게 변했다. 여아에게 "네가 보낸 사진 나한테 다 있는 거 알지? 너 나랑 만나지 않으면 이거 다 엄마, 아빠, 학교에 뿌려버릴 거야"라고 협박까지 했다. 결국 가해자의 협박에 공포와 두려움을 느낀 아이가 실제로 만나게 되었고 성폭력을 당했다.

메타버스 안에서의 만남이 성착취로 이어졌고, 실제 성폭력까지 발생하게 된 것이다. 이렇듯 온라인 성 착취가 점점 메타버스로 확장·진화하고 있다. 메타버스 성 착취는 마치 텔레그램 N번방 성 착취 사건과 유사하다. 잘못하면 텔레그램 N번방보다 더 심각한 사건으로 이어질 수 있다. 메타버스에서는 경계심과 경각심이 현실 세계보다 훨씬 더 낮아지기 때문이다.

아동·청소년들이 성 착취에 취약한 이유

아동·청소년은 성 착취에 대한 경각심이 그리 높지 않다. 게다가 메타버스에서는 직접 사람 간의 만남이 아닌 아바타 간의 만남이다. 아바타끼리의 소통은 사람에 대한 경계를 약화시키고 늦출 수 있다. '익명'인 상대방이 누구인지 몰라서 위험하다는 인식과 달리 아이들은 온라인에서 자신 또한 '익명성'으로 보호받는다고 생각한다. 그래서 현실 세계에서 말하지 못했던 많은 것들을 쉽게 털어놓을 수 있다.

2020년 서울시와 사단법인 탁틴내일이 12~19세 1,607명을 대상으로 디지털 성범죄에 관한 실태조사를 진행했다. 응답자의 90% 이상이 온라인상에서 개인정보를 알려주는 것이 위험하다고 인식했다. 하지만 낯선 사람에게 대화 요구를 받은 아이 중 64%는 "실제 개인정보를 알려준 적이 있다"라고 했다. 아동·청소년이 온라인 성 착취 그루밍 범죄에 노출될 가능성이 크다는 것을 보여주고 있는 것이다.

'그루밍'은 '가해자가 피해자의 심리를 조종해 길들이는 행위'를 의미한다. 그루밍 성범죄는 가해자가 피해자에게 호감을 얻거나 돈독한 관계를 만드는 등 심리적으로 지배한 뒤 성폭력을 가하는 것을 뜻한다. 보통 어린이나 청소년 등 미성년자를 칭찬, 선물 등으로 유인하고, 친절한 척 가장해 정신적으로 길들인 뒤 이뤄진다.

이렇게 가해자는 피해자에게 계획적으로 접근해 공통의 관심사를 나누거나 원하는 것을 들어주면서 신뢰를 쌓고, 심리적으로 점점 지배하게 된다. 그리고 피해자가 성 착취를 친밀감에 의한 행동이라고 자연스럽게 받아들이도록 조금씩 길들인다. 나중에 피해자가 이를 벗어나려고 하면 회유하거나 협박하면서 폭로를 막기도 한다. 이런 온라인 공간에서 서로 연락을 주고받아 실제 만남에서 성폭력으로 이어지는 경우도 많다.

아바타는 자신의 분신과도 같다. 메타버스 게임 내에서 아이들은 아바타 활동을 통해 급속도로 친해지고 교감을 나눈다. 단순히 메타버스 내의 소통과 교감이 아니다. 우리 성인들이 직접 만나 소통하는 현실 세계와 비슷한 교감이 이뤄지고 있다.

아동·청소년 그루밍 성 착취 과정

메타버스 성 착취 범죄는 아직 통계조차 제대로 나오지 않는 신흥 범죄다. 자칫 가장 노골적이면서 교묘하게 폭력이 이루어지는 공간이 될 수 있다. 예컨대 성 착취 범죄를 저지르는 가해자는 메타버스에서 게임 아이템을 선물해준다면서 접근한다. 아이들에게 "멋있다. 예쁘다"라고 칭찬하며 이름은 무엇이고 어느 학교에 다니는지 대화를 나눈다. 이렇게 칭찬으로 정서적 지지를 해주며 친해지고 연락처를 알아낸다. 그리고 좀 더 친해지면 다른 채팅방에서 '야한 놀이, 노예 미션' 같은 재미있는 놀이를 하자고 접근해 성 착취 영상물을 요구한다.

온라인 그루밍 성 착취는 대처하기가 무척 어렵다. 피해자는 가해자로부터 '길들었기' 때문에 자신이 학대당하거나 피해당한다는 사실을 바로 알아채지 못하며 피해 기간도 길다. 자신이 피해자임에도 불구하고 "아저씨가 저에게 굉장히 잘해주었어요", "선물도 주고 좋은 사람이에요"라며 꼬임에 넘어가 잘못 알고 있는 경우가 많다. 성 착취 범죄에서 아이를 다시 일상으로 끌어내기까지가 무척 힘들다.

표면적으로 피해자가 스킨십, 성관계에 동의한 것처럼 보인다는 점 때문에 수사나 처벌도 어렵다. 그 때문에 그루밍 성범죄의 피해자는 대부분 성 착취를 당한 사실을 인지하는 것에 어려움을 느껴 일반 성범죄보다 신고율이 낮다.

전 세계로 유포되는 성착취물, 안전장치가 시급하다

메타버스에서 일어난 성 착취 범죄는 전 세계로 뻗어나가고 있다. 로블록스에서 내 아동을 대상으로 성 착취 범죄를 저지르던 남성이 캘리포니아 경찰에 체포되었다. 해당 남성은 로블록스에서 만난 열두 살 여자아이에게 자신이 열세 살 소년이라고 거짓말을 한 후, 연락처를 알아냈다. 그리고 지속해서 음란 문자와 사진을 보내며 스토킹을 저질렀다. 현재 해당 남성은 여아의 양육자가 딸의 스마트폰 메시지를 확인한 후 FBI 측에 신고하면서 체포된 상태다. 미 법원에서는 보석 없이 수감하라는 명령을 내렸다.

메타버스는 '사회적·문화적·경제적 활동이 일어나는 초월 공간'이다. 초월 공간인 만큼 성착취물이 메타버스를 통해 전 세계로 유포될 위험이 크다. 정부와 기업은 연대해 메타버스에 숨어 아동·청소년에게 성범죄를 저지르는 가해자들을 막을 수 있는 안전장치를 마련해야 한다. 양육자도 아이들에게 관심을 가지고 메타버스와 온라인 성 착취의 위험성에 대해 교육해야 한다. 그리하지 않으면 메타버스는 꿈꿔온 유토피아가 아닌 범죄자들이 마음껏 활개치는 디스토피아 세상이 될 수 있다.

메타버스 시대의 성교육은 '타이밍'이 중요하다

양육자들이 가장 힘들어 하는 것, 타이밍

모든 일에는 '타이밍'이라는 게 있다. 아이들 성교육도 마찬가지다. 양육자 교육을 할 때 '발달 과정에 맞는 성교육'이라는 표현을 자주 쓴다. 발달 과정에 맞는 성교육은 아이들의 연령에 따라 성적 발달 특성이 다르기 때문에 그에 맞는 수준, 내용, 표현 방식을 사용해 성교육을 해야 한다는 것이다. 이것은 단순히 아이들 연령만 맞추는 것이 아니다. 기본적으로 사회 흐름을 알고 적용한 내용을 아이의 연령에 맞게 제공해줘야 한다는 게 내포되어 있다.

발달 과정에 맞는 성교육 타이밍을 놓친다면 아이들은 인터넷이나 또래를 통해 성적 호기심을 충족하게 된다. 더 어린 나이라면 아무 기준 없이 친구의 몸을 보고 호기심을 충족할 수도 있다. 혹은 아이가 호기심을 내보이진 않지만 대화가 단절될 수도 있다. 적절한 타이밍에 성교육을 제공해주지 않는다면 아이가 크면서 성에 대해 궁금한 점이 생기거나 도움이 필요한 경우에 양육자나 가까운 어른에게 도움을 요청할 수 없게 되고 오히려 숨기고 혼자 수습하려다가 더 심각한 상황에 빠질 가능성도 충분하다.

대화가 단절되고 나서야 아이와 다시 대화할 수 있게 해달라고 상담을 요청하는 양육자들이 있다. 성교육에서 '타이밍'을 놓치게 되면 아이와 대화가 어려워지는 표면적인 문제뿐만 아니라, 아이가 자라면서 필요한 기본적인 교육을 시켜주지 않게 되는 심각한 문제가 발생한다. 타이밍을 놓치고 나서 추후에 발생하는 문제들을 직면했을 때는 후회해도 어쩔 도리가 없다. 그때는 당장 벌어진 문제를 수습하고자 노력하는 것만이 최선일 수밖에 없다.

어렸을 때부터 시대를 반영한 성교육이 필수다

디지털 성폭력이 심각해지면서 정말 많은 양육자들이 디지털 성폭력 가해자 또는 피해자가 된 자녀에 대한 상담을 요청한다. 그리고 그제야 미리 성교육을 해주지 않은 것에 대해 후회한다. 어떤 분들은 아이의 발달 과정에 맞는 성교육 프로그램이 있었는지 몰랐다며, 미리 알았다면 무조건 했을 거라고 안타까워 눈물을 흘리기도 한다.

메타버스 시대 성교육의 타이밍을 맞추지 않았을 때, 즉 메타버스 시대에 맞는 성교육을 제공하지 않았을 때는 지금보다 훨씬 더 심각한 디지털 성폭력이 일어날 수 있다. 수습해야 하는 정도도, 후회의 깊이도 더 커질 수밖에 없다. 이제는 메타버스 시대에 맞는 성교육을 본격적으로 고민해야 하는 상황이다. 메타버스 시대가 시작되고 있는 지금 아이들에게 제공할 성교육을 준비하고 개입해야 한다.

문화가 바뀌는 데는 시간이 걸린다. 그리고 그 문화에 적응하고 문화 속에서 살아가는 데는 세월이라는 게 존재한다. 성문화에 적응하면서 그 문화 속에서 판단력을 가지고 살아가도록 하려면 어렸을 때부터 시대를 반영한, 발달 과정에 맞는 성교육을 지속적으로 일상에서 제공해야 한다. 그래야 아이가 크면서 성에 대한 기준이 생기고 판단력과 결단력을 가지고 살아갈 수 있다. 메타버스 시대도 마찬가지다. 메타버스라는 또 다른 우주가 생겼고 아이들에게 그 우주에서 지내는 것은 일상이 되고 있다. 그러니 그 우주 안에서 만들어질 성문화에 적응하기 위한 교육을 통해 판단력과 결단력을 키워줘야 한다.

어른들이여, 메타버스에 지금 바로 올라타라!

메타버스로 인한 세상의 변화를 예측하는 사람들은 메타버스에 대해 조금이라도 더 알고 대비하기 위해 준비하고 움직이고 있다. 앞서 이야기했듯, 메타버스 관련 특강에 메타버스 관련 일을 하는 사람뿐만 아니라 다양한 분야에서 관심을 가지고 참여하고 있다. 그런 사람들은 각자 목적이 있고 그 목적을 달성하기 위해 메타버스가 어떤 흐름으로 가고 있는지 공부하고 메타버스에 올라탈 타이밍을 찾고 있다.

아이들이 건강하고 안전하게 잘 크길 바라는 목적을 가지고 있는 우리 또한 메타버스로 인해 변할 세상에서 우리의 목적을 달성하기 위해 메타버스에 올라타야 할 타이밍을 생각해야 한다. 그리고 우리에게는 아이들을 보호하고 이끌어줘야 하는 막중한 책임이 있다. 그렇기에 메타버스 시대에 대해 고민하고 대비하는 것은 선택이 아닌 필수다.

세상이 변하는 것에 대해 걱정만 하고 있을 시간이 없다. 아이들은 메타버스를 선택하는 것이 아니라 이미 메타버스 세상에 살고 있다. 메타버스 시대 성교육의 타이밍은 이미 왔고, 서둘러야 하는 건 아이들이 아니라 어른들이다.

양육자의 '무지'와 '무 행동'을 변화시켜라

양육자 교육을 진행하면서 가장 많이 하는 말이 있다. "아이 성교육도 중요하지만, 양육자 성교육이 1억 배 더 중요합니다. 양육자가 변해야 아이들이 변합니다." 아무리 내가 아이들에게 성교육을 잘해도 양육자가 성에 관해 모르면 무용지물이다.

이 책도 먼저 양육자의 의식과 인식을 변화시키기 위해 집필했다. 해가 갈수록 양육자와 아이가 느끼는 성에 관한 인식의 차이가 벌어지고 있기 때문이다. 성교육을 하다가 간혹 아이들에게 "엄마, 아빠와 성에 관해 이야기를 나눠본 적 있니?" 하고 물어본다. 그러면 대부분의 아이는 "엄마, 아빠랑은 대화 자체가 안 돼요. 특히 제가 하는 게임에 대해 안 좋게 보고 하지 말래요. 성에 관한 대화는 나눠본 적조차 없어요"라고 말한다.

양육자와 아이가 일상적인 대화 자체가 안 되는데 성에 관한 대화가 될 리가 있을까? 이런 상황에서 메타버스 세상에 대한 이해가 없으면 아이와 소통마저 단절될 수 있다.

상상을 초월하는 양육자와 아이의 격차

지금 이 책을 읽는 양육자에게 꼭 하고 싶은 말이 있다. 바로 "세상이 바뀌었다"라는 말이다. 예전과 같이 '아이 방에 좋은 휴지를 넣어줘라' 같은 방법으로는 성교육을 절대 잘할 수 없다. 아이들이 공감하고 소통하는 문화에 대해 명확히 알고 있어야 자연스럽게 성교육도 성공할 수 있다. 세상이 바뀌었다는 것을 먼저 인정하고 받아들여야 한다. 그리고 양육자가 먼저 메타버스와 성을 공부하고 적응해야 따라갈 수 있다.

현재 우리 아이들은 5G 속도로 인터넷, 스마트폰을 통해 성을 접하고 있다. 그런데 우리 양육자, 어른은 어떤가? 아직 2G 속도다. 아이들이 주로 하는 로블록스, 제페토, 이프랜드, 게더타운이 무엇인지조차 모른다. 현재 인터넷 세상에서도 아이들의 속도를 따라잡기가 벅차다. 그런데 성큼 다가온 메타버스 세상은 어떨까? 현재 아이들은 슈퍼카를 타고 쌩 달리고 있는데, 양육자는 아직 마차를 타고 낑낑 다니고 있는 것과 마찬가지다. 아이들은 이미 메타버스라는 광활한 세계에서 자유롭게 뛰놀고 있다.

아이들은 어떠한 정보라도 쉽고 빠르게 인터넷에서 찾거나 메타버스에서 경험할 수 있다. 그러나 빛이 있으면 그늘도 있듯이 광활한 정보의 바다는 아이들에게 올바른 정보만을 제공하지 않는다. 게다가 아이들은 정보 구별 능력을 배우는 과정 중에 있다. 특히 성에 대해서는 걸러지지 않은 무분별한 내용이 워낙 많다. 아이가 성에 대한 호기심을 인터넷이나 메타버스에서 찾아 해소하도록 내버려두어서는 안 된다.

메타버스에서 양육자와 아이들의 격차는 더욱 가속화되어 초격차로 벌어질 것이다. 2D 인터넷보다 훨씬 더 생생하고 몰입감 있는 세상을 3D 메타버스가 제공하기 때문이다. 따라서 양육자가 먼저 개입해 아이가 메타버스 세상에서 건강하게 행동하도록 알려줄 필요가 있다. 그래야 메타버스 세상에서 아이를 보호할 수 있다.

양육자가 성에 관해 '무지'하면 '어리석은 행동'을 한다

한 메타버스 플랫폼에서 초등학생 여아가 성 착취를 당했다. 가해자가 아바타로 선물을 주겠다고 꼬드겨 실제 번호를 알아낸 뒤 몸 사진을 받아낸 것이다. 그 이후로 가해자는 갑자기 태도가 돌변해 몸 사진을 유포하겠다고 협박했다. 아이는 너무 무서워서 이 사실을 양육자에게 가장 먼저 알렸다. 그런데 그게 가장 큰 실수가 될지 상상도 못 했다. 충격에 놀란 양육자는 아이를 도와주지 못하고 심하게 혼내고 나무란 것이다.

"너 왜 하지 말라는 걸 해서 이 모양 이 꼴을 만들어? 게다가 네

몸 사진을 보냈다고? 너 미친 거 아니니? 내가 키운 딸 맞아?” 그 이후로 강제로 아이의 스마트폰을 빼앗고 메타버스 계정을 탈퇴시켜버렸다. 도움이 필요했던 아이에게 2차 가해 행동을 한 것이다. 아이가 유일하게 믿을 수 있는 대상이 바로 양육자였다. 그래서 용기를 내고 가장 먼저 양육자에게 말했다. 그러나 아이는 양육자에게 가장 큰 배신감과 수치심을 느꼈다.

그날 이후 아이는 양육자와 대화를 하지 않고 방 안으로 꽁꽁 숨어버렸다. 끝없이 “나는 멍청하고 더러워”라는 말만 반복하며 학교도 가지 않았다. 양육자는 뒤늦게 자신의 행동에 대해 뼈저리게 후회했다. 이렇듯 양육자가 메타버스와 성에 관해 무지하면 어리석은 행동을 할 수 있다.

위와 같은 상황에서 양육자는 내 아이가 한 행동에 대해 충격을 받을 수 있다. 하지만 혼내기 전에 우선 어떤 상황인지 파악하고 아이의 이야기를 먼저 들어야 한다. 그래야 문제를 하나씩 해결할 수 있기 때문이다. 차라리 전문가에게 도움을 요청했더라면 상황이 더 악화되지 않았을 것이다. 양육자마저 아이 편이 되지 않으면 누가 아이 편이 되겠는가? 그래서 양육자부터 잘못된 무지의 길로 빠지지 않도록 먼저 성을 공부해야 한다.

지금이 골든타임이다!

양육자가 메타버스와 성에 대해 모르기 때문에 아이의 행동을 자꾸 막거나 못하게 하려고 한다. 하지만 막으면 막을수록 아이들은 양육자와의 소통을 피하고 오히려 역효과가 날 것이다. 더는 막기만 하는 태도는 안 된다. 모르면 직접 메타버스와 성문화를 공부해야 문제를 예방하고 해결할 수 있다.

세상에서 내 아이에게 가장 좋은 성교육 선생님은 누굴까? 바로 '준비된 양육자'다. 양육자는 아이들에게 올바른 성 개념과 가치관을 심어줄 의무가 있다. 그리하기 위해서는 먼저 양육자가 '준비'되어야 한다.

지금이 성교육을 제대로 할 수 있는 '골든타임'이라 생각한다. 골든타임이란 환자의 생사를 결정지을 수 있는 것으로, 사고 발생 후 수술과 같은 치료가 이루어져야 하는 최소한의 시간을 뜻한다. 앞으로 생사를 좌우할 수 있는 절체절명의 중요한 순간이라는 뜻이다. 지금 골든타임을 놓쳐버리면, 메타버스 세상에서 영영 아이들의 속도를 따라잡을 수 없을 것이다.

교육 현장에 나가보면 아이들은 이미 메타버스에 흠뻑 빠져 살아가고 있다. 코로나19 팬데믹 이후에 아이들은 메타버스에서 서로 왕성하게 활동하고 안부를 주고받는다. 아이들이 메타버스 세상에서 소통하듯이 양육자도 아이와의 소통에 힘써야 한다. 다시 한 번 말하지만 아이가 가장 영향을 많이 받는 곳은 가정이기 때문이다. 가정이라는 일상에서 양육자가 아이에게 자연스럽게 다가가 성교육을 할 수 있다. 더는 "에이, 괜찮겠지" 하며 방관하지 말자.

양육자는 아이가 메타버스와 성을 바라보는 판단의 기준을 잘

세울 수 있도록 가르쳐야 한다. 그래서 이 책을 읽고 있는 여러분은 어느 정도는 준비되었다고 말하고 싶다. 우리 아이들을 믿고 격려해주되 너무 메타버스 세상에 빠져 잘못되지 않도록 최소한의 가이드라인을 제공하자. 이제 먼저 준비하고 행동하는 양육자가 되어야 한다. 그래야 메타버스 세상에서 아이들과의 격차를 좁히고 안전하게 안내할 수 있기 때문이다.

3장

'메타버스 시대의 성'을 준비하는 체크리스트

양육자의 성 태도 점검하기

성교육에 대해 이야기하려면 양육자가 성에 대해 얼마나 알고 어떻게 느끼는지가 굉장히 중요하다. 양육자가 성에 대해 편하고 긍정적으로 생각하고 느낄수록 아이들에게도 그러한 성의식이 전달되며, 아이에게 성교육을 하는 것이나 성에 대해 대화하는 것도 가능해진다.

양육자가 긍정적인 성의식을 가지고 있다면, 변화하는 메타버스 시대의 성문화를 받아들이고 적응하는 기본 자원이 확보되었다고 볼 수 있다. 다음 체크리스트를 통해 양육자의 성의식을 체크해보자.

성의식 체크리스트

성에 대한 자신의 느낌이나 생각에 일치한다고 생각되는 칸에 체크해주시길 바랍니다.

번호	문항	전혀 그렇지 않다	거의 그렇지 않다	보통이다	대체로 그렇다	매우 그렇다
1	성은 삶의 중요한 일부분이다.	1	2	3	4	5
2	생명 탄생의 과정은 힘들지만 보람 있는 일이다.	1	2	3	4	5
3	임신에는 사전 준비가 필요하다.	1	2	3	4	5
4	성관계는 서로 간의 친밀감을 높인다고 생각한다.	1	2	3	4	5
5	자위행위는 남녀 누구에게나 자연스러운 현상이다.	1	2	3	4	5
6	내가 여자(남자)로 태어난 것을 자랑스럽게 생각한다.	1	2	3	4	5
7	내가 낳은 자녀가 아니어도 내 자녀로 키울 수 있다.	1	2	3	4	5
8	가정에서 남녀의 역할은 엄격하게 구분되어야 한다.	5	4	3	2	1
9	사랑하는 사람 사이에는 자신이 좋으면 상대방에게 어떠한 성 행동을 해도 괜찮다.	5	4	3	2	1
10	성관계를 원할 때 의사표시를 자연스럽게 할 수 있다.	1	2	3	4	5
11	상대방의 말을 경청하는 것은 대화의 가장 기본적인 예절이다.	1	2	3	4	5
12	가족은 가장 가까운 사이이므로 굳이 예의(경계)를 지킬 필요는 없다.	5	4	3	2	1

13	부부간에도 동의 없는(일방적) 성관계는 성폭력이다.	1	2	3	4	5
14	성희롱은 남성의 여성에 대한 관심(친밀감)의 표현이다.	5	4	3	2	1
15	완전한 성에는 책임이 따른다.	1	2	3	4	5
16	남성과 여성의 역할은 시대와 장소에 따라 변화될 수 있다.	1	2	3	4	5
17	성역할 고정관념을 갖는 것은 성차별이다.	1	2	3	4	5
총 점		점				

출처: 박경순 · 김민화, "자녀 성교육을 위한 부모교육 프로그램 효과 연구", 〈어린이문학교육연구〉 vol.17, no.4, pp. 397–413, 2016.

체크리스트 결과

17~34점: 다소 부정적인 성의식을 가지고 있습니다. 아이와 성에 대해 이야기 나누고 성교육을 해주기 위해서 양육자가 좀 더 공부하고 긍정적인 성의식을 가지도록 노력해야 합니다.

35~59점: 보통 정도에서 약간 긍정적인 성의식을 가지고 있습니다. 아이를 위해 조금 더 노력해주세요. 스스로 가치관 점검, 편견 체크를 통해 더 긍정적인 성의식을 가진 양육자가 되어주세요.

60~85점: 긍정적인 성의식을 가지고 계십니다. 지금 양육자님이 가진 성에 대한 생각과 기준을 편하게 아이와 나눌 수 있는 준비가 되셨군요!

성의식과 메타버스 시대의 성교육

체크리스트 결과에서 다소 낮은 점수가 나왔다면 부정적인 성의식을 가지고 있다는 뜻이다. 양육자가 부정적인 성의식을 가지고 있으면 성에 대한 불편한 감정을 느낄 수 있다. 양육자가 이러한 감정에 대해 누구에게도 직접적인 전달하지 않았다고 하더라도, 살아가면서 무의식적으로 나오는 불편하고 부정적인 느낌이 아이에게 그대로 전달될 수 있다. 그래서 아이는 양육자와 같이 성에 대해 부정적으로 느끼고 회피하거나 억압할 가능성이 있다.

이런 부분에 대해서 개선하지 않는다면 앞으로 계속 급변하는 사회에서의 성 문제에 대해 대비하지 못할 것이다. 또한 이런 상태에서 아이가 무분별한 성에 노출될 경우 더 치명적인 문제를 일으킬 수 있다.

기본적으로 양육자가 성에 대해 불편한 감정을 가지고 있는 상태에서는 메타버스 시대의 변화된 성문화를 받아들이는 게 더 불편하게 다가올 수 있다. 예를 들어 메타버스는 우리 일상 곳곳에 녹아 있기 때문에 아이들은 언제든 메타버스 속의 성을 접할 수 있다. 그럼에도 이 부분을 정확히 이해하지 못한 채 물리적으로 디지털 기기 사용 시간을 제한하거나 하지 말라고 말하는 정도로밖에 개입할 수 없게 된다는 것이다. 이는 곧 자녀에 대한 억압, 양육자의 불안으로 인한 회피, 불통으로 이어질 수 있다.

이렇듯 변화하는 시대에 맞춰 아이의 건강한 성의식을 세우기 위해 양육자가 미리 준비되어있지 않으면, 아이는 분별력과 판단력을 배울 수 없는 상태에서 양육자 몰래 메타버스 속의 성에 호기심을 느끼며 위험에 빠질 가능성이 높다.

메타버스 시대의 성문화에 대비하기 위해서는 양육자가 성에 대해 긍정적인 인식을 가지고 있는 그대로의 성을 자녀에게 알려주는 것이 좋다. 그리고 개방된 태도로 어떤 문제든 자녀와 대화할 수 있도록 노력하는 것이 필요하다.

양육자의 역할은 아이를 위험으로부터 보호하는 것도 있지만, 아이에게 부정적인 것을 전달하지 않고 건강하고 주체적인 사람이 되도록 돕는 역할도 포함해야 한다. 따라서 한쪽으로 치우친 성의식을 아이에게 전달하거나 양육자가 가진 불안과 두려움, 편견으로 인해 아이에게 필요한 것들을 알려주지 못하는 일이 없도록 해야 한다. 긍정적인 성의식을 바탕으로 한 양육자의 빠른 판단과 대처는 메타버스 시대의 성교육에서 굉장히 중요한 부분이다.

'성의식 체크리스트'를 한 후 느낀 점

양육자와 아이의 미디어 사용 점검하기

미디어를 잘 활용하려면 일단 현재 사용하고 있는 패턴을 체크하는 것이 필요하다. 특히 요즘 유아부터 노년까지 연령에 상관없이 온 가족이 스마트기기에 빠져들고 있으며, 스마트기기는 우리 일상에 너무나도 많은 부분을 차지하고 있다. 그러다 보니 우리가 스마트기기 사용을 컨트롤하지 못하고 오히려 스마트기기에 의존하며 살아가는 현상을 쉽게 볼 수 있다. 메타버스가 본격적으로 상용화되기 전부터 스마트기기에 의존하는 경향이 있었다면 메타버스에는 더 빠르고 쉽게 빠져들 수 있으며, 메타버스를 컨트롤하지 못하고 메타버스 세상에 의존하게 될 가능성이 높다. 다음 체크리스트를 통해 가족들의 미디어 사용 정도를 체크해보자.

미디어 사용량 체크리스트 – 아이용

* 양육자가 답해주세요.

문항
1. 아이가 주로 사용하는 디지털 기기에는 어떤 것이 있나요? ☐ TV ☐ 컴퓨터 ☐ 태블릿 PC(아이패드, 갤럭시 탭 등) ☐ 스마트폰 ☐ 기타(____________________)
2. 아이가 주로 사용하는 디지털 기기를 하루에 평균 얼마나 사용하나요? ☐ TV: _____________ 시간 ☐ 컴퓨터: _____________ 시간 ☐ 태블릿 PC: _____________ 시간 ☐ 스마트폰: _____________ 시간 ☐ 기타(____________________)
3. 아이가 디지털 기기 사용을 주로 하는 경우는 언제인가요? ☐ 아침에 눈 떴을 때 ☐ 밥 먹을 때 ☐ 일과 시간 중간에 ☐ 일과 시간 대부분 ☐ 잠들기 전 ☐ 기타(____________________)
4. 디지털 기기 사용과 관련해 아이와 갈등이 일어난다면, 얼마나 자주 일어나나요?(일주일 기준) _____________ 회 정도
5. 갑자기 디지털 기기를 사용하지 못하게 했을 때 아이의 반응은 어떤가요? ____

미디어 사용량 체크리스트 – 양육자용

문항
1. 양육자가 주로 사용하는 디지털 기기에는 어떤 것이 있나요? ☐ TV ☐ 컴퓨터 ☐ 태블릿 PC(아이패드, 갤럭시 탭 등) ☐ 스마트폰 ☐ 기타(____________)
2. 양육자가 주로 사용하는 디지털 기기를 하루에 평균 얼마나 사용하나요? ☐ TV: ________ 시간 ☐ 컴퓨터: ________ 시간 ☐ 태블릿 PC: ________ 시간 ☐ 스마트폰: ________ 시간 ☐ 기타(____________)
3. 양육자가 디지털 기기 사용을 주로 하는 경우는 언제인가요? ☐ 아침에 눈 떴을 때 ☐ 밥 먹을 때 ☐ 일과 시간 중간에 ☐ 일과 시간 대부분 ☐ 잠들기 전 ☐ 기타(____________)
4. 디지털 기기 사용과 관련해 일상에 지장(할 일 미루기 등)이 생긴다면 얼마나 자주 일어나나요?(일주일 기준) ________ 회 정도
5. 갑자기 디지털 기기를 사용하지 못할 때 기분이 어떤가요? ______________________________

미디어 사용과 메타버스 시대의 성교육

미디어 사용 시간은 단순히 물리적인 시간을 의미하는 것에 그치지 않고, 스스로 미디어 사용을 컨트롤할 수 있는지에 대한 자제력과 통제력까지 보여줄 수 있다.

TV에서 아주 어린 아이들이 엄마가 스마트폰을 못하게 하니까 갑자기 엄마한테 욕을 하거나 폭력적으로 돌변하는 장면을 본 적이 있을 것이다. 그런 상황은 아이가 스스로 스마트폰 사용에 대한 통제력을 상실해서 하고 싶은 것이 좌절되었을 때 순간적 분노가 치밀어 오르기 때문에 생긴다. 그리고 그 감정을 통제할 수 없어서 하면 안 되는 행동을 하는 것이다.

아이가 이렇게 될 정도로 상황이 심각하다면, 혹은 이 정도는 아니지만 아이가 스마트기기에 많은 시간을 보내고 일상생활에 지장을 받는다면 양육자의 스마트기기 사용 패턴도 점검해봐야 한다. 아이가 어렸을 때 양육자의 편의를 위해서나 아이의 요구를 거절하지 못해서 스마트기기를 필요 이상으로 사용하지 않았는지 생각해볼 필요가 있다.

예전에는 컴퓨터 사용량을 통제할 수 있었으나, 코로나19로 전 세계 분위기가 바뀌었다. 집에서도 회사 일을 할 수 있고, 아이들은 집에서 컴퓨터로 수업을 듣게 되었다. 컴퓨터나 스마트폰은 단순히 놀이를 위한 수단이 아니라 하나의 세상이 되었다. 그렇기 때문에 양육자의 통제는 더욱 힘들어졌고, 동시에 스마트기기 사용량에 대해 객관적 평가를 할 수 없는 상황이 되어버렸다. 이런 상태는 양육자와 아이에게 동시에 나타나고 있다.

메타버스 시대가 본격적으로 오기 전에 이런 부분을 체크하고 바로잡지 못하면 이제는 더이상 손쓸 수 없는 상태가 될 수도 있다. 메타버스로 경험하는 세상은 더 흥미롭고 엄청난 몰입감을 느끼게 할 수 있다. 그리고 현실에서 경험할 수 없는 세상을 편하게 내 방에서 경험할 수 있다는 장점도 있다. 그렇기 때문에 스마트기기 사용을 스스로 통제할 수 없는 아이들은 쉽게 빠져들 수밖에 없다. 내 방에서 손가락만 까딱해서 내가 원하는 모든 것들을 경험할 수 있다면, 그 누구라도 빠져들 수밖에 없지 않은가.

감각적 만족이 커질수록, 경험할 수 있는 프로그램이 다양할수록 몰입감은 높아질 수밖에 없다. 그리고 많은 기업들이 실제와 거의 흡사한 메타버스 세상을 만들기 위해 전 세계 전문가들을 데리고 그 작업에 몰두하고 있다. 이러한 사회적 흐름은 우리에게 더 넓은 세상, 더 다양한 세상을 편하게 경험하게 해주는 이점도 있다. 그러나 많은 돈, 시간, 노력을 투자하지 않아도 손쉽게 어떤 것이든 경험하고 얻을 수 있다는 것에서 이점과 함께 위험 요소도 있는 것이다.

메타버스는 우리에게 아주 편리하고 역동적인 세상을 만들어줄 것이다. 그러나 동시에 우리가 스스로 컨트롤할 수 없게 되기를 바라면서 자본주의 안에서 이익을 창출하고자 하며 사람들의 통제력 상실을 부추기는 역할을 할 것이다. 그러니 물리적인 사용 시간 조절뿐만 아니라 스스로 사용량, 사용 패턴, 사용 프로그램을 통제하고 자제할 수 있는 능력을 길러야 한다. 가정에서부터 일상생활에 지장을 주지 않고 아이의 정신 건강에 나쁜 영향을 주지 않는 선에서 사용하도록 훈련시켜야 한다.

'미디어 사용 점검 체크리스트'를 한 후 느낀 점

미디어에 대한 민감성 점검하기

양육자 교육을 가보면 "아이와 드라마를 같이 보다가 스킨십 장면에서 아이가 너무 부끄러워하는데 어떻게 대처해야 할까요?"라는 질문을 많이 받는다. 성교육 책은 적나라하다고 보여주지 않으면서 시청 연령에 맞지 않는 드라마를 함께 보는 것이 모순이라는 생각도 들지만, 미디어 콘텐츠가 넘쳐나는 요즘 세상에 무조건 막을 수 없다는 것도 충분히 공감되는 부분이다. 넘쳐나는 미디어 콘텐츠 사이에서 미디어를 분석하고 평가하는 것은 요즘 세상에 필수로 가져야 할 능력이다. 다음 체크리스트를 통해 양육자의 미디어 감수성 수준을 체크해보자.

양육자의 미디어 감수성

다음 문항은 어머니의 미디어 리터러시(미디어를 사용하고 비판적으로 이해하고 활용할 수 있는 능력)를 알아보기 위한 질문들로 구성되어 있습니다. 각 문항을 잘 읽고 해당되는 칸에 O표시를 해주시길 바랍니다.

번호	문항	전혀 그렇지 않다	거의 그렇지 않다	보통이다	대체로 그렇다	매우 그렇다
1	나는 검색 엔진(네이버, 구글 등)을 사용해 필요한 정보를 찾을 수 있다.	1	2	3	4	5
2	필요한 정보를 얻기 위해 다양한 미디어 환경(컴퓨터, 스마트폰, 태블릿 PC 등)을 사용하는 것은 쉽다.	1	2	3	4	5
3	나는 미디어 환경(컴퓨터, 스마트폰, 태블릿 PC 등)에서 계정과 프로필을 쉽게 만들 수 있다.	1	2	3	4	5
4	미디어 콘텐츠(글, 이미지, 동영상 등)를 만드는 데 필요한 하드웨어(컴퓨터, 스마트폰, 태블릿 PC)를 사용할 수 있다.	1	2	3	4	5
5	인터넷에서 미디어 콘텐츠(이미지, 동영상 등)와 메시지를 공유하는 데 능숙하다.	1	2	3	4	5
6	다른 사람이 공유하는 미디어 콘텐츠(글, 이미지, 동영상 등)에 대해 댓글을 남기거나 평가(평점, 추천)한다.	1	2	3	4	5
7	기본 실행 도구(하이퍼링크, 파일 전송 등)를 사용할 수 있다.	1	2	3	4	5
8	나는 미디어 콘텐츠(글, 이미지, 동영상 등)에 포함된 폭력적인 요소에 주목한다.	1	2	3	4	5
9	나는 미디어의 다양한 기능(의사소통 수단, 엔터테인먼트 등)을 구별 할 수 있다.	1	2	3	4	5
10	나는 미디어 콘텐츠(글, 이미지, 동영상 등)에 상업적 메시지(예: PPL 광고)가 있는지 여부를 확인할 수 있다.	1	2	3	4	5

11	미디어 콘텐츠에서 접한 정보를 제작사(방송사, 신문사, 크리에이터 등), 유형(동영상, 광고, 게임 등), 목적(정보 전달, 오락 등) 등에 따라 분류할 수 있다.	1	2	3	4	5
12	나는 개개인에 대한 미디어 콘텐츠(글, 이미지, 동영상 등)의 긍정적 혹은 부정적 효과를 분석할 수 있다.	1	2	3	4	5
13	법적, 윤리적 규칙(저작권, 인권 등)에 따라 미디어를 평가할 수 있다.	1	2	3	4	5
14	나는 미디어가 믿을 만한지 그리고 객관적이며 통용되는 정보를 주는지 판단할 수 있다.	1	2	3	4	5
15	나는 미디어에서 접한 콘텐츠(글, 이미지, 동영상 등)가 가져오는 위험이나 어떠한 결과로부터 스스로를 보호할 수 있다.	1	2	3	4	5
총 점		점				

출처: 윤보람·이영신, "어머니의 미디어 리터러시가 유아의 이야기 이해력에 미치는 영향: 어머니의 스마트미디어 중재의 매개효과", 〈유아교육연구〉, 한국유아교육학회 Vol.40 No.6 105-130, 2020

체크리스트 결과

15~44점: 양육자의 미디어 감수성이 낮습니다. 미디어의 순기능뿐만 아니라 미디어의 문제점에 대해 예리하게 관찰하고 걸러내는 연습이 필요합니다.

45~60점: 양육자의 미디어 감수성이 보통입니다. 미디어를 분석하고 비판하는 능력을 향상하기 위해 조금만 더 노력해주세요.

61~75점: 양육자의 미디어 감수성이 높은 편입니다. 양육자님이 가지고 있는 미디어에 대한 관점과 분별력을 아이에게도 잘 전달해주세요.

미디어를 사용할 수 있는 능력뿐만 아니라 본인이 사용하는 미디어를 분석하고 평가·비판할 수 있는 메타 능력을 '미디어 리터러시'라고 한다. 미디어가 일상을 가득 차지하고 있는 지금 시대에 단순히 미디어를 잘 사용하는 것을 넘어서서 그 능력을 평가하고 분별하는 미디어에 대한 메타 능력은 굉장히 중요한 요소이며, 요즘 아이들은 학교에서 미디어 리터러시를 배우기도 한다.

메타버스 성문화는 미디어로 시작해서 미디어로 끝난다고 해도 과언이 아니다. 그렇기 때문에 미디어에 대해 평가하고 판단하는 능력을 길러주는 것은 선택사항이 아니라 양육자를 포함한 어른들의 의무다. 그리고 아이들의 미디어 리터러시 능력을 길러주기 위해서는 양육자와 어른들이 미디어에 대한 감수성을 가지고 있어야만 한다. 이를 위해 양육자는 젠더 감수성, 인권 감수성을 바탕으로 미디어 리터러시 수준을 향상시켜야 하며, 미디어 안에서 어떤 일들이 벌어지고 미디어가 어떻게 자극적으로 보이도록 조작하는지 알고 걸러낼 수 있어야 한다.

아이들의 미디어 리터러시 수준을 올려주지 못하면 아이들은 메타버스 안에서 점점 병들어갈 것이다. 아이들은 메타버스 안에 있는 방대한 미디어에 노출될 수밖에 없다. 그런데 미디어에 대해 평가하고 판단할 수 없다면 아이들은 무분별한 성 관련 미디어들을 접하게 되고 점점 빠져들게 되어 병들어갈 것이 분명하다. 자신에게 도움이 되고 건강하게 즐길 수 있는 미디어를 골라내는 능력,

미디어 안에서 나타나는 성차별·성적 대상화를 찾아낼 수 있고 그걸 걸러내는 능력을 길러주는 것은 메타버스 시대에 꼭 필요한 면역체계를 만들어주는 것이다. 아이들의 면역체계를 만들기 위해 양육자가 미디어 리터러시에 대해 관심을 가지고 공부하고 노력해야 한다. 그리고 어릴 때부터 아이의 메타 능력을 길러주도록 개입을 해야 한다.

'미디어 감수성 체크리스트'를 한 후 느낀 점

메타버스 가능성에 대한 인식 점검하기

이 책을 읽고 있다면 이미 느꼈겠지만 메타버스는 지금과 동떨어진 세계가 아닌 아주 밀접하게 연관된 세계다. 메타버스의 가능성은 우주처럼 무궁무진하다. 실제 메타버스 시장은 끝이 없는 무한한 진화를 거듭하고 있기 때문이다.

글로벌 시장조사기관 스트래티지애널리틱스(Strategy Analytics)는 메타버스 시장이 2025년에 2,800억 달러(약 330조 원) 규모로 성장할 것으로 전망했다. 2021년 기준 무려 6배 이상 늘어난 수치다. 전 세계적으로 메타버스는 트렌드를 이끌고 있으며 새로운 라이프 세상을 이끌고 있다.

여기에서 우리는 메타버스의 가능성에 대해 알아야 한다. 그래야 아이와 대화와 소통이 가능하고 성교육도 할 수 있기 때문이다.

다음 문항을 통해 내가 어느 정도 메타버스의 가능성에 대해 알고 있는지 점검해보자.

메타버스 가능성 체크리스트

자신의 느낌이나 생각에 일치한다고 생각되는 칸에 체크해주시길 바랍니다.

번호	문항	전혀 그렇지 않다	거의 그렇지 않다	보통 이다	대체로 그렇다	매우 그렇다
1	메타버스가 세상의 흐름(라이프스타일)을 바꿀 수 있을 것이다.	1	2	3	4	5
2	메타버스는 모든 가능성을 다 담은 미래 플랫폼이 될 수 있다.	1	2	3	4	5
3	스마트폰 등 정보기술의 도약과 코로나19로 인해 메타버스는 급성장하고 있다.	1	2	3	4	5
4	메타버스가 자기주도학습을 이끌고 있다.	1	2	3	4	5
5	메타버스 세상이 하나의 경제 생태계를 구축할 것이다.	1	2	3	4	5
6	메타버스를 활용할 수 있는 능력에 따라 정보 격차가 발생할 수 있고 기술 기업의 독과점 등으로 불평등이 더 심해질 수 있다.	1	2	3	4	5
7	메타버스에서 사람들은 익명성이라는 무기 안에 더 공격적으로 활동할 수 있다.	1	2	3	4	5
8	메타버스는 시공간의 제약 없이 사람들의 삶을 이어주는 플랫폼이 될 수 있다.	1	2	3	4	5
9	메타버스는 인간에게 또 하나의 삶의 터전이 될 수 있다.	1	2	3	4	5
10	메타버스 시대는 필연적으로 오기 때문에 반드시 대비해야 한다.	1	2	3	4	5
총 점		점				

체크리스트 결과

41~50점: 3차원 메타버스의 가능성을 제대로 알고 있습니다. 이미 메타버스가 우리의 삶과 밀접하게 연관되어 있다는 것을 느끼고 계시네요. 지금 같이 꾸준한 관심을 가지고 공부하세요.

26~40점: 3차원 메타버스의 가능성을 어느 정도 알고 있습니다. 더 깊은 이해와 공부를 통해 지금의 능력을 심화시켜보세요.

25점 이하: 3차원 메타버스의 가능성에 대해 아직 확신하지 못하고 있군요. 메타버스에 관한 뉴스, 책, 영상 등 사회적인 이슈를 보며 가능성에 대해 더 공부해보세요.

가능성을 넘어 이미 메타버스는 '현실'이다

체크리스트 결과 다소 낮은 점수가 나왔다면 아직 메타버스의 가능성에 대해 확신하지 못하는 것이다. 메타버스가 우리의 삶과 멀리 떨어져 있다고 생각하면 큰 오산이다. 메타버스는 이미 우리 일상에 아주 가까이 와 있다.

세계의 유망한 기업과 가수들은 메타버스를 활용해 고객, 팬들과 소통하고 있다. 세계적인 가수 방탄소년단(BTS)은 메타버스 게임 플랫폼 '포트나이트'에서 〈Dynamite〉의 뮤직비디오를 공개했다. 메타버스 안 온라인 콘서트로만 약 500억 원의 매출을 냈다. 아이돌 그룹 블랙핑크는 제페토에서 가상 팬 사인회를 진행했는데 하루 동안 4,600만 명이 참여했다. 이들은 메타버스의 가능성을 알고 발 빠르게 움직인 것이다. 이처럼 메타버스는 이미 우리 삶 속에서 막대한 영향력을 미치고 있다. 코로나19 이후에 이런 현상은 초가속화되었다.

《메타버스가 만드는 가상경제 시대가 온다》(한스미디어, 2021)의 저자 최형욱 퓨처디자이너스 대표는 "메타버스는 단순 기술 트렌드가 아니라 사회·문화적 변화를 모두 포괄하는 의미를 담고 있다"라며 "현실과 가상의 경계가 흐려지면서 그 사이에 새로운 가치가 창출되는 현상이 메타버스의 본질"이라고 말했다.

아이들을 위한 '메타버스 성 코치'가 되어라

단순 기술 트렌드를 넘어 사회·문화적 변화를 모두 포괄하는 메타버스가 성(性)과 만나면 어떻게 될까? 상업 자본주의 안에서 둘은 빠르게 결합해 진화할 것이다. 이렇게 빠르게 진화하는 메타버스와 성문화에 대해 미리 준비하지 않으면 아이들은 한순간에 위험해질 수 있다.

앞으로 메타버스 플랫폼에는 인간의 오감(시각, 청각, 촉각, 후각, 미각)에 대한 인공 감각 기술이 훨씬 고도화될 것이다. 고도화되면 될수록 3D 세상이 주는 성 경험은 막대해질 것이며 성범죄로 인한 피해 규모는 커질 것이다.

디지털 원주민인 아이들은 이미 메타버스 세상에서 레벨 업을 하며 '메타버스 선수'가 되어가고 있다. 성교육을 가면 로블록스, 제페토를 모르는 아이들이 거의 없다. 그리고 메타버스 플랫폼 안에서 성적인 콘텐츠를 접하거나 아바타로 성적인 대화를 주고받는 아이들도 만났다.

이 책을 읽는 당신은 메타버스의 가능성에 대해 충분히 인지하고 공부하고 있는가? 양육자는 아이라는 '메타버스 선수'를 올바른 방향으로 이끌 수 있도록 유능한 '메타버스 성 코치'가 되어야 한다. 유능한 코치가 되기 위해서는 나부터 메타버스에 대해 열린 마인드로 바라봐야 한다. 그래야 아이가 메타버스 세상에서 노는 것을 이해하고 공감해줄 수 있기 때문이다. 성교육은 대화와 소통이 핵심이다. 아이의 문화를 공감하고 존중할 수 있다면 자연스럽게 성교육도 할 수 있다.

'메타버스 가능성 체크리스트'를 한 후 느낀 점

아이의 미디어 사용에 관한 양육자의 중재력 점검하기

아이의 스마트폰을 몰래 보고 깜짝 놀라서 교육이나 상담을 의뢰하는 양육자들이 생각보다 많다. 아이가 어떤 미디어를 사용하고 SNS에서 어떤 활동을 하는지 너무 궁금한데 물어보면 대답을 안 해줘서 몰래 봤다가 종종 충격적인 미디어 사용 실태를 목격하게 되는 것이다.

이런 상황을 막기 위해서, 또 이런 상황에 제대로 대처하기 위해서 양육자가 아이의 미디어 사용을 얼마나 조절하고 통제할 수 있는지는 꽤 중요한 요소다. 다음 체크리스트를 통해 양육자의 미디어 중재 능력을 체크해보자.

양육자의 미디어 중재

다음 문항은 평소 자녀에 대한 스마트 미디어 중재를 알아보기 위한 질문들로 구성되어 있습니다. 각 문항을 잘 읽고 해당되는 칸에 ○ 표시를 해주시길 바랍니다.

번호	문항	전혀 그렇지 않다	거의 그렇지 않다	보통 이다	대체로 그렇다	매우 그렇다
1	자녀가 스마트 미디어에서 제공한 콘텐츠(글, 이미지, 동영상)의 내용을 이해할 수 있도록 돕는다.	1	2	3	4	5
2	콘텐츠 속 등장인물이 한 행동이 왜 좋은 행동인지 설명한다.	1	2	3	4	5
3	콘텐츠 속 등장인물이 한 행동이 왜 나쁜 행동인지 설명한다.	1	2	3	4	5
4	콘텐츠 속 등장인물이 왜 그런 행동을 하는지에 대한 동기(이유)를 설명한다.	1	2	3	4	5
5	스마트 미디어에서 제공한 콘텐츠의 실제 의미를 설명한다.	1	2	3	4	5
6	자녀 또한 부모가 원할 때 스마트 미디어를 함께 사용한다.	1	2	3	4	5
7	재미와 여가를 위해 자녀와 함께 스마트 미디어를 사용한다.	1	2	3	4	5
8	부모가 선호하는 게임이나 웹사이트 또는 앱을 자녀가 사용해보도록 제안한다.	1	2	3	4	5
9	자녀가 스마트 미디어 기기를 사용할 때 근처에 머무른다.	1	2	3	4	5
10	자녀가 스마트 미디어를 사용할 때 계속해서 지켜본다.	1	2	3	4	5
11	자녀가 미디어 콘텐츠를 이용할 수 있는 시간대를 구체적으로 정한다.	1	2	3	4	5

12	자녀가 특정한 미디어 콘텐츠를 보는 것을 금지한다.	1	2	3	4	5
13	자녀가 볼 수 있는 미디어 콘텐츠의 이용 정도(양)를 정한다.	1	2	3	4	5
14	자녀가 이용할 수 있는 미디어 콘텐츠를 미리 정해둔다.	1	2	3	4	5
15	자녀가 스마트 미디어를 올바르게 잘 사용할 때 칭찬한다(예: 자녀와 함께 정한 이용 규칙을 잘 수행할 때).	1	2	3	4	5
16	자녀에게 스마트 미디어 매체(IPTV, 스마트기기 등)를 적절하게 사용하는 방법을 알려준다.	1	2	3	4	5
17	자녀에게 인터넷 상에서 안전을 유지하는 방법을 알려준다(예: 개인정보 유출 위험성에 대한 안내 등).	1	2	3	4	5
18	자녀에게 무엇이 '좋은' 미디어 제작인지 이야기한다(예: 공익광고 등의 제작 배경에 대한 안내 등).	1	2	3	4	5
19	좋거나 재미있는 미디어 콘텐츠에 관해 자녀와 대화를 나눈다.	1	2	3	4	5
총 점		점				

출처: 윤보람·이영신, "어머니의 미디어 리터러시가 유아의 이야기 이해력에 미치는 영향: 어머니의 스마트미디어 중재의 매개효과", 〈유아교육연구〉, 한국유아교육학회 Vol.40 No.6 105-130, 2020

체크리스트 결과

19~48점: 자녀의 미디어 사용에 대한 양육자의 중재 수준이 낮습니다. 아이가 안전하게, 기준을 가지고 미디어를 사용할 수 있도록 개입하기 위한 노력이 필요합니다.

49~76점: 자녀의 미디어 사용에 대한 양육자의 중재 수준은 보통입니다. 미디어에 대한 감수성을 가지고 아이와 미디어에 대한 좀 더 다양하고 적극적인 대화를 시도해보세요.

77~95점: 자녀의 미디어 사용에 대한 양육자의 중재 수준이 높은 편입니다. 지금처럼 관심을 가지고 적절한 중재를 해주시되, 아이가 스트레스 받지 않는 선에서 아이와 함께 조율해나가시면 좋겠습니다.

미디어 중재와 메타버스 시대의 성교육

우리가 살아가는 정보화 사회에서는 미디어 기기가 다양하고 콘텐츠 시장이 너무도 활발하게 돌아간다. 그렇기 때문에 미디어에 노출되지 않고 살 수는 없다. 요즘에는 아이들 교육도 미디어로 진행하고 있으며, 우리가 일상을 살아가는 데 필요한 업무, 정보 검색 등은 모두 미디어를 통해 제공받고 있다. 그렇다 보니 미디어에 노출되는 시기는 점점 어려지고 아이들은 정말 다양한 미디어를 접할 수밖에 없다.

시대가 그렇게 흘러가고 있는 만큼, 아이가 미디어를 사용하는 데 있어서 양육자가 사용법을 알려주는 것도 중요하지만 아이가 현재 어떤 미디어에 어떻게, 얼마나 노출되어 있는가에 대해 인지하는 것이 중요하다. 그리고 필요한 경우에는 아이의 상황에 맞는 다양한 방법의 개입이 필요하다.

양육자의 미디어 중재에는 미디어를 함께 이용하는 것, 미디어에 대해 함께 대화를 나누는 것, 미디어를 적절하고 적당하게 사용하는지 관리·감독하는 것이 포함된다. 양육자가 자녀의 미디어 사용을 잘 중재하는 만큼 위험한 미디어에서 아이를 보호할 수 있으며 아이에게 도움이 되는 경로로 미디어를 사용할 수 있게 되는 것이다.

메타버스 성교육에서는 무조건 감시만 하거나 억압하는 것은 소용이 없다. 메타버스는 우리의 일상이기 때문이다. 양육자가 아이와 함께 메타버스를 사용하고, 메타버스 안에 있는 성적 미디어들에 대해 함께 대화를 나누며 필요한 경우 보호할 수 있는 시스템을 마련할 수 있어야 한다.

이런 양육자의 미디어 중재를 바탕으로 궁극적으로 아이 스스로 미디어 사용을 컨트롤할 수 있는 능력을 갖도록 해주는 것이 메타버스 시대의 성교육에 반드시 포함되어야 한다.

'양육자의 미디어 중재 체크리스트'를 한 후 느낀 점

메타버스 시대의 성에 대한 감수성 점검하기

메타버스와 성(性)을 함께 이해하기는 쉽지 않다. 지금 당장 우리 생활에서 눈앞에 보이거나 경험하는 게 아니기 때문이다. 그러나 눈앞에 보이지 않는다고 존재하지 않는 것이 아니다. 성은 우리 인류의 탄생과 역사에 늘 함께해왔으며 메타버스도 이제 현실이다. 그래서 의식적인 노력이 필요하다. 이제 열린 마음으로 메타버스와 성에 대한 깊은 공부와 경험을 통해 이해와 감수성을 길러야 한다.

'감수성'이란 외부 세계의 자극을 받아들이고 느끼는 성질을 말한다. 양육자가 메타버스와 성을 어떻게 이해하고 받아들이냐에 따라 아이가 메타버스에서 건강하게 활동할 수 있는지 여부가 결정된다. 이 감수성을 기르기 위해서는 3차원 메타버스 세상과 성문화를 유기적으로 연결지어 생각할 줄 알아야 한다. 다음 체크리스트를 통해 3차원 메타버스 세상과 성에 대한 이해와 감이 어느 정도 있는지 알아보자.

메타버스 시대의 성에 대한 이해와 감수성 체크리스트

자신의 느낌이나 생각에 일치한다고 생각되는 칸에 체크해주시길 바랍니다.

번호	문항	전혀 그렇지 않다	거의 그렇지 않다	보통 이다	대체로 그렇다	매우 그렇다
1	양육자가 메타버스와 성을 연결해서 공부해야 한다고 생각한다.	1	2	3	4	5
2	메타버스와 아이들의 성문화를 연결지어 생각해본 적이 있다.	1	2	3	4	5
3	메타버스 속 NPC, 아바타의 성 인권에 관해 생각해본 적이 있다.	1	2	3	4	5
4	메타버스 3D 성 체험관에 대해 들어본 적이 있다.	1	2	3	4	5
5	메타버스 시대에 맞는 새로운 성교육이 반드시 필요하다고 생각한다.	1	2	3	4	5
6	메타버스의 발달로 인한 성범죄에 대해 걱정해본 적이 있다.	1	2	3	4	5
7	메타버스에서 아이들이 성폭력에 노출될까 봐 불안한 적이 있다.	1	2	3	4	5
8	메타버스에서 아바타끼리의 성폭력은 현실 세계에 영향을 줄 수 있다고 생각한다.	1	2	3	4	5
9	메타버스로 인한 아동 · 청소년 성중독에 대해 고민해본 적이 있다.	1	2	3	4	5

10	아이들이 메타버스 기술을 통해 성을 더 생생하게 체험할 수 있다고 생각한다.	1	2	3	4	5
총 점		점				

체크리스트 결과

41~50점: 3차원 메타버스 세상의 성에 대한 이해와 감수성이 있습니다. 지금 같이 꾸준한 관심을 가지고 아이에게 건강한 성교육을 할 수 있도록 준비하세요.

26~40점: 3차원 메타버스 세상의 성에 대한 이해와 감수성이 어느 정도 있습니다. 더 깊은 이해와 공부를 통해 지금의 능력을 심화시켜보세요.

25점 이하: 3차원 메타버스 세상의 성에 대한 이해와 감수성이 아직 부족합니다. 체계적이고 꾸준한 공부를 통해 감수성을 길러야합니다.

성에 대한 이해와 감수성을 길러야 하는 이유

체크리스트 결과 다소 낮은 점수가 나왔다면 아직 메타버스의 성에 대한 감수성이 부족한 것이다. 메타버스 안에서 성폭력은 빛의 속도로 일어난다. 만약 아이가 메타버스 아바타 성폭력을 당했다고 생각해보자. 양육자가 메타버스와 성에 관한 이해와 감수성이 많이 부족하면 어떻게 될까?

"단순히 게임일 뿐인데 왜 이렇게 투덜대고 힘들어해? 네가 그 게임을 하다가 문제가 생긴 거 아니야? 네가 조심했어야지. 그렇게 하지 말라는 게임을 하더니 내 이럴 줄 알았어"와 같이 단순히 아이 탓을 하거나 게임으로 가볍게 치부하며 넘길 수 있다. 우리는 앞서 이런 양육자의 무지 때문에 상황이 얼마나 더 심각해졌는지 알 수 있었다. 가상 세계는 지금 우리 현실 세계의 삶과 밀접하게 연결되어 있다. 양육자는 메타버스 세계에서 일어나는 일들이 지금 현실 세계에도 영향을 줄 수 있다는 것을 반드시 알아야 한다.

메타버스를 모국어처럼 사용하는 아이들에게는 초월 공간이 현실보다 더 현실처럼 느껴진다. 메타버스와 성이 만나게 되면 아이들이 더 자극적이고 쾌락적인 세계에 빠져들 수 있다. 메타버스 안에서 느끼는 경험이 실제 경험 못지않게 짜릿한 만족감을 주기 때문이다. 이런 메타버스의 특징으로 인해, 메타버스에서 성표현물이나 성착취물을 접한다면 그 강력함과 중독성은 상상을 초월할 것이다.

개발자나 사용자 모두 메타버스와 성에 대한 이해와 감수성이 부족하다면 음란성과 성폭력이 가득한 무법천지가 될 수도 있다. 메타버스 안에서 서로를 이해하고 존중할 수 있는 '성인지 감수성'을 갖춰야 한다. 광활한 메타버스 안에서 아이가 스스로 우뚝 설 수 있도록 양육자부터 이해와 감수성을 기르자.

감수성을 키워 문제에 직면해야 해결할 수 있다

행동하지 않는 생각과 결심은 결과적으로 아무것도 안 한 것과 마찬가지다. 메타버스 성에 대한 이해와 감수성을 기르기 위해서는 명사가 아닌 동사처럼 행동해야 한다. 호기심, 걱정 같은 생각만 가지고 있는 게 아니라 그것을 극복하기 위해 능동적으로 움직여야 한다. 이 책을 보고 실천하는 양육자는 이런 능력을 충분히 가질 수 있다고 확신한다.

양육자부터 이제 메타버스와 성에 대한 파악이 제대로 이루어져야 한다. 그래야 의미 있는 선택과 행동을 할 수 있는 기준을 세울 수 있다. 자신만의 건강한 성인지 감수성이 확립되어야 메타버스 세계 속에서도 다른 사람에게 휘둘리지 않을 것이다.

걱정되고 불안할지 모르지만, 막연하게 걱정만 한다고 해결되지 않는다. 성큼 다가온 메타버스 세상을 인정하고 문제를 해결하기 위해 이제 '직면'하자. 피하지 않고 직면하는 용기를 가져야 문제를 예방하고 해결할 수 있다. 지금 당장 양육자부터 메타버스 속 성에 대한 이해와 감각을 길러 아이들에게 건강한 메타버스 성문화를 선물하자.

'메타버스 시대의 성에 대한 이해와 감수성 체크리스트'를 한 후 느낀 점

메타버스 성교육을 위한 자원 점검하기

메타버스 성교육에 대한 이해와 대비 없이 당장 성교육을 시작할 수 없다. 기존의 성교육도 쉽지 않은 상태에서 메타버스 성교육은 더욱 막막할 것이다. 메타버스 성교육을 제대로 대비하고 잘하기 위해서는 '지식'과 '실천' 두 가지 모두 필요하다.

건강하게 다이어트를 하기 위해 운동을 한다고 생각해보자. 첫째, 식단과 운동에 대한 지식을 올바르게 이해해야 한다. 둘째, 공부한 방법대로 제대로 운동해야 살을 빼고 근육을 탄탄하게 키울 수 있다. 여기에 살이 빠지고 근육이 변화하는 과정을 직접 관찰하고 기록하며 현재 상태를 점검해야 더 나은 단계로 갈 수 있다.

마찬가지로 메타버스 성교육도 지식뿐만 아니라 생활 속에서 실천이 뒤따라야 성공할 수 있다. 내가 현재 메타버스를 제대로 이해하고 이를 바탕으로 성교육을 하고 있는지 주기적으로 점검해야 한다. 다음 체크리스트를 작성해보며 메타버스 성교육을 지혜롭게 대비하고 있는지 알아보자.

메타버스 성교육 자원 체크리스트

자신의 느낌이나 생각에 일치한다고 생각되는 칸에 체크해주시길 바랍니다.

번호	문항	전혀 그렇지 않다	거의 그렇지 않다	보통 이다	대체로 그렇다	매우 그렇다
1	메타버스에 대한 정보를 얻을 수 있는 곳을 알고 있다.	1	2	3	4	5
2	증강현실, 거울 세계, 라이프로깅, 가상 세계에 관해 어느 정도 이해하고 있다.	1	2	3	4	5
3	메타버스에 관한 게임, 활동을 직접 해본 적이 있다.	1	2	3	4	5
4	메타버스 체험관에 가서 직접 체험을 해볼 의향이 있다.	1	2	3	4	5
5	메타버스 성문화에 대해 대화할 수 있을 정도로 아이와 관계 형성이 잘 되어 있다.	1	2	3	4	5
6	메타버스 성교육에 대해 공부하고 준비하고 있다.	1	2	3	4	5
7	안전한 메타버스 성문화를 위한 분별력과 판단력을 갖추고 있으며 이를 아이에게 알려줄 수 있다.	1	2	3	4	5
8	메타버스 시대 성교육에 관해 이야기를 나눌 수 있는 전문가를 알고 있다.	1	2	3	4	5
9	메타버스 시대의 성문화에 대해 예측하고 대비할 수 있다.	1	2	3	4	5

10	메타버스를 활용해 아이에게 성교육을 해본 적이 있다.	1	2	3	4	5
총 점		점				

체크리스트 결과

41~50점: 3차원 메타버스 성교육에 관한 지식과 실천을 고루 갖추고 있습니다. 지금처럼 지식과 실천을 계속해서 유지하는 게 중요합니다.

26~40점: 3차원 메타버스 세상에서의 지식과 실천이 보통 수준으로 있습니다. 좀 더 깊은 공부를 바탕으로 생활 속에서 실천할 수 있도록 노력해보세요.

25점 이하: 3차원 메타버스 성교육에 대한 지식과 실천이 아직 부족합니다. 메타버스 성교육에 관해 체계적으로 공부하며 하나씩 실천해보세요.

바로 지금, 대비해야 한다

체크리스트를 해본 결과 메타버스 성교육에 대비가 되었다고 생각되는가? 메타버스 성교육을 제대로 대비하기 위해서는 바로 지금부터 공부하고 경험해봐야 한다. 《메타버스》(플랜비디자인, 2020)의 저자 김상균 교수는 "현실 세계에서건, 가상 세계에서건 그 시기의 아이들은 언제 위험한 곳으로 튈지 모르는 고무공과 같습니다. 양쪽 세계에서 우리 아이들이 균형을 잃고 큰 실수를 하지 않도록 잘 관찰하고 지켜줘야 합니다"라고 했다.

우주보다 광활한 메타버스 세상에서 아이들은 고무공처럼 어디로 될지 모른다. 양육자는 아이들이 메타버스 세상에서 길을 잃지 않고 안전하게 움직이도록 나침반 역할을 해야 한다. 나침반 방향을 올바르게 잡고 인도하기 위해서는 양육자가 메타버스 성교육에 대해 준비하고 경험해야 한다.

자주스쿨 강사들은 공부하는 것을 넘어 메타버스 세상에 직접 들어가 아이들과 함께 뛰어 놀며 체험하고 있다. 메타버스 게임을 이해하고 경험하기 위해 '제페토', '로블록스' 게임을 내려받아 자기만의 아바타를 만들었다. 아바타를 꾸미고 게임에 들어가 미션도 수행하며 아이들과 뛰어 논다. 우리는 그곳에서 아이들과 채팅과 음성으로 대화하며 관계를 맺어가고 있다.

메타버스를 알고 활동하기만 해도 아이들과 금세 친해지고 즐겁게 대화를 나누게 된다. "너희들 로블록스, 제페토 알아? 선생님도 지금 하고 있어. 처음에는 어떻게 할지 몰라 막막했는데 하면 할수록 재미있더라!"라고 말하면 아이들은 "선생님, 로블록스랑 제페토 아세요? 지금 하고 있거든요"라고 답한다. 메타버스 게임을 주제로 공감대 형성을 하고 자연스럽게 그 안에서 느꼈던 성에 관한 이야기를 나눈다. 이미 공감대 형성이 되었기 때문에 아이들도 마음의 문을 활짝 열고 말한다. 아이들이 양육자한테 하지 못한 말을 우리에게 할 수 있는 이유도 바로 이 때문이다.

만약 메타버스 성교육을 모르거나 막막하다고 느낀다면 전문가의 책을 보거나 교육을 신청해서 듣는 게 도움이 된다. 양육자가 모든 문제를 알고 해결할 수 없기 때문이다. 자주스쿨도 이미 훌쩍

다가온 메타버스 세상을 위해 공부하고 직접 게임이나 체험관을 찾아가 경험하고 있다.

미국의 사상가 겸 시인 랠프 월도 에머슨(Ralph Waldo Emerson)은 "기회가 없음을 두려워하지 말고, 준비되어 있지 않음을 두려워하라"라고 말했다. 메타버스에 관해 공부할 기회는 넘쳐난다. 준비하지 않고 대비하지 않는 것을 경계하자. 아직 늦지 않았다. 지금을 기회라고 생각하고 준비하는 양육자만이 메타버스 세상에서 성교육을 제대로 대비할 수 있을 것이다.

'메타버스 성교육 자원 체크리스트'를 한 후 느낀 점

4장

메타버스 시대, '성 메타인지'를 높여라

포괄적 성교육이 필요하다

메타버스 시대의 성교육을 위해 해야 할 기본적인 성교육은 무엇일까? 단순히 성 지식만 전달하는 성교육이 아닌 메타버스에서 서로 존중하고 성찰하는 성교육을 해야 한다.

우선 성교육에 대한 정의부터 알아보자. 국립국어원 표준국어대사전에서 성교육은 '성장기의 아이들에게 성에 관한 올바른 지식을 갖도록 하는 교육'이라고 되어 있다. 이것은 주로 생물학적 의미나 지식을 알려주는 좁은 의미의 정의다. 마치 "정자와 난자가 만나서~"와 같은 것을 가르쳐주는 성교육이다.

이런 성교육은 현실이나 메타버스 모두에서 크게 효과가 없다. 이제는 생물학적 성교육을 넘어 인간에 대한 가치와 존중 의식을 길러주는 '포괄적 성교육'을 해야 한다. 이 포괄적 성교육이 현실뿐만 아니라 메타버스 시대에 필요하고 적용할 수 있는 성교육이다.

포괄적 성교육의 특징

'포괄적 성교육'이란 성별, 신체 구조의 차이와 같은 생물학적 특징만을 다루는 것이 아닌, 인간의 생애에서 성과 관련된 모든 경험을 포괄하는 교육이다. 2018년 유네스코는 '포괄적 성교육에 대한 지침'을 통해 넓은 의미의 국제 성교육 가이드를 만들어 보급했다. 성교육은 생물학적 성에만 국한된 것이 아닌 '사회문화적 맥락'을 고려한 내용을 다루어야 한다는 뜻이다.

포괄적 성교육의 교육과정은 섹슈얼리티에 대한 신체적·인지적·정서적·사회적 측면에 대해 배우는 커리큘럼을 기반으로 하고 있다. 성인지 감수성을 토대로 아동과 청소년들이 자신의 능력을 높일 수 있는 '지식, 기술, 태도, 가치'를 갖추도록 하는 데 목적을 두고 있다.

포괄적 성교육의 핵심 개념을 구체적으로 살펴보면 '관계, 가치·권리·문화·섹슈얼리티, 젠더 이해, 폭력과 안전, 건강과 복지를 위한 기술, 인간 신체와 발달, 섹슈얼리티와 성적 행동, 성과 재생산 건강'의 총 여덟 가지로 나뉜다. 가이드라인에서는 각 개념을 5~8세, 9~12세, 12~15세, 15세 이상의 네 가지 연령대로 구분해 아동의 발달 단계와 인지 수준에 맞추어 점진적으로 교육할 것을 제안했다.

포괄적 성교육은 '인권과 성평등'의 시각을 바탕으로 하고 있다. 이는 인간의 건강과 복지, 존엄성을 실현하도록 돕는 성교육으로, 자신의 몸과 마음뿐만 아니라 건강한 관계 그리고 공동체 가치까지 배울 수 있다. 자주스쿨 또한 포괄적 성교육을 토대로 성교육을 하고 있다. 성교육을 통해 지식만 전달하는 것이 아니라 서로 이해하고 존중하는 방법을 배우고 공감 능력과 사회성을 기르도록 돕고 있다.

바로 이 포괄적 성교육의 가치가 메타버스에 적용되어야 한다. 메타버스에서는 혼자 활동하지 않는다. 전 세계 사람들과 협력하며 상호 교류를 한다. 서로 누군지 모르는 상태에서 활동하기 때문에 상호 존중의 가치가 매우 중요하다. 이런 가치를 잃어버리는 순간 익명성이라는 어둠 속에서 공격성과 폭력성이 나타날 수 있다.

포괄적 성교육을 통해 나와 다른 사람이 동등하며 서로 존엄하다는 것을 알려주어야 한다. 이 가치가 메타버스 안에서 적용되어야 안전하고 건강한 메타버스 생태계를 구축할 수 있을 것이다.

메타버스 성교육은 '인성교육'이다

메타버스 성교육은 인성교육이다. 성교육은 관계에 대한 교육이자 존중에 대한 교육이다. 그리고 성교육은 인성과 인간관계에 크게 영향을 미친다.

인성(人性)의 한자를 알아보자. '사람 인(人)'에 '성품 성(性)'으로 사람의 성품을 뜻한다. 성교육에서의 성도 이 '성품 성(性)'이라는 한자가 쓰인다. 표준국어대사전에는 인성을 '각 개인이 가지는 사고와 태도 및 행동 특성'으로 정의하고 있다. 한마디로 인성은 '인간다움과 존중 의식을 갖추는 능력'이다. 인성은 단순히 머리로 아는 지식의 영역이 아니다. 오랫동안 생활 속에서 배우고 가슴으로 느끼는 품성의 영역이다. 이런 인성에 대한 교육은 학교와 사회에서도 영향을 받지만, 가정에서 양육자의 말과 태도를 통해 가장 많이 영향을 받는다.

성교육이 인성에 중요한 이유는 생활 속에서 배우는 기본 생활 습관을 바탕으로 하고 있기 때문이다. '상대방의 경계에 동의 없이 함부로 들어가면 안 되는 이유', '아무 데서나 옷을 함부로 벗으면 안 되는 이유', '서로를 존중하고 배려하는 말을 해야 하는 이유' 등 모두 기본적인 생활 교육을 바탕으로 하고 있다. 성교육은 관계에 대한 교육이며 생명 존중, 인간 존중이라는 인성교육의 가장 기초가 되는 생활 교육이다.

이런 인성교육을 바탕으로 한 성교육은 자신을 이해하고 상황을 다스릴 줄 아는 리더십을 길러준다. 그리고 위험을 감지하는 감각을 길러주고 타인과 건강하게 소통하는 법을 알려준다. 이런 감각은 메타버스에서도 매우 중요하고 필요하다. 인간다움과 존중 의식을 가져야 메타버스에서 상호 협력적인 관계와 건강한 생태계를 만들 수 있기 때문이다.

‘인권’을 바탕으로 하는 성교육을 하라

성교육의 핵심 중 하나는 인권교육이다. 성은 기본적으로 ‘사람을 어떤 존재로 대해야 하는가?’라는 인권의 문제이기 때문이다. 메타버스 활동은 성평등과 인권에 기반을 둬야 한다. 성 인권교육이란 모든 사람이 차별 없이 자신의 몸과 섹슈얼리티에 대해 알고 자신을 그대로 받아들이며 서로 존중하도록 가르치는 것이다.

사람을 사람으로 존중하지 않으면 서로의 경계를 함부로 침범할 수 있다. 메타버스에서는 직접 보지 않고 주로 아바타나 채팅으로 소통한다. 그래서 경계를 침범하는 것이 현실보다 더 쉽게 일어난다. 여기에 인공지능이나 인권에 대한 의식이 부족하면 성폭력까지 발생할 수 있다. 그 예로 ‘AI 이루다 사태’가 있었다. 이루다는 메신저 기반 AI 챗봇으로 2020년 12월 출시 후 약 80만 명이 서비스에 가입하며 사용했다. 하지만 그 이후에 이루다에 대한 노골적인 성희롱, 이루다의 성소수자·장애인 혐오 발언으로 비판받으며 2021년 1월 서비스가 중단됐다. 이 사건은 AI와 아바타의 인권에 대해 어떻게 바라볼지에 대해 중요한 시사점을 주었다.

준비와 교육 없이 도래하는 메타버스 세상은 아이들에게 위험을 초래할 것이다. 메타버스는 현실이 어느 정도 반영되므로, 차별과 인권에 대한 교육과 윤리 기준이 반드시 병행되어야 한다. 성 인권교육을 통해 아이들을 성적 존재이자 자기 결정권이 있는 주체로 인정하는 것이 메타버스 성교육의 첫걸음이다. 이런 교육이 바탕이 될 때 사람과 사람으로서 더불어 살아가는 메타버스 사회를 만들어갈 수 있을 것이다.

양육자는 포괄적 성교육을 바탕으로 인성과 인권에 대해 아이에게 자세히 알려주어야 한다. 아이에게 이런 가치를 전달하기 위해서는 나부터 먼저 성교육을 통해 '성과 인권'에 대해 배우고 알아야 한다.

성인지와 메타버스 휴머니티를 장착하라

성인지 감수성 또는 젠더 감수성이라는 단어를 들어본 적이 있는가? 성인지 감수성은 인간은 성별과 상관없이 평등하다는 전제로 시작되며, 차별과 불평등을 민감하게 발견하고 그에 대해 반응하는 것을 의미한다. 이는 인권에 대한 감수성과도 연결되는데, 인권 감수성은 인간의 기본 권리에 대한 민감성을 의미한다. 메타버스는 누가 누군지 모르는 세상, 실존하지만 현실은 아닌 듯한, 그러나 현실과 밀접하게 연결된 세상이다. 그래서 인간에 대한 존중이 없다면 무법지대가 될 수 있고, 이런 현상은 현실에 영향을 줄 수밖에 없다. 그렇기 때문에 만약 우리 아이의 인권 감수성과 성인지 감수성을 길러주지 않으면 메타버스에서 다른 사람을 짓밟는 자가 될 수도 있다.

성인지 감수성과 인권 감수성이란?

한경 경제용어사전에 의하면, 성인지 감수성은 '양성평등의 시각에서 일상생활에서 성별 차이로 인한 차별과 불균형을 감지해내는 민감성'을 의미한다. 인권 감수성은 국가인권위원회의 인권용어사전에 정의되어 있는데, '일상생활에서 만나는 다양한 자극이나 사건에 대해 매우 작은 요소에서도 인권적인 요소를 발견하고 적용하면서 인권을 고려하는 것'을 말한다. 즉, 성인지 감수성과 인권 감수성 모두 인간은 누구나 존엄하며 각각의 인간이 가진 어떤 조건으로 인해 차별당하지 않아야 한다는 의미를 담고 있다. 더불어 우리 일상에서 일어나는 차별과 불평등을 민감하게 느낄 수 있고 거기에 대응할 수 있는 것을 성인지 감수성, 인권 감수성이라고 한다.

성인지 감수성과 인권 감수성은 우리가 살아가는 데 매우 중요한 개념이다. 우리가 다른 사람들과 더불어 살아가기 위해서 이 개념들은 모든 삶의 기본이 되어야 한다. 인간에 대한 이해와 존중은 인간으로서 가져야 하는 최소한의 자질이기 때문이다. 감수성을 하나씩 갖춰가며 인성도 완성되어 간다.

최근에는 학교나 기관에서 인권과 성평등에 대한 교육을 비교적 활발하게 하고 있고 관련 콘텐츠들도 많기 때문에 점점 더 많은 사람이 인지하고 있다. 하지만 상대적으로 교육을 받을 기회가 없는 성인과 양육자들은 이런 부분에 덜 민감하고 무엇이 문제인지 인식하지 못하고 사는 사람들도 많다. 그러다 보니 여전히 성별 고

정관념을 가지고 있고 인권에 대한 민감성이 부족해 일상에서 차별과 혐오의 표현을 문제의식 없이 하게 되는 것이다. 양육자가 이런 부분에 민감하지 않다면 오히려 민감하게 반응하는 자녀들이 못마땅하거나 염려될 수도 있다. 우리가 익숙하게 여기는 것에 대해 예민하게 반응하는 아이들의 모습이 보호자 입장에서는 불편하게 느껴질 수도 있기 때문이다. 그렇기 때문에 양육자가 먼저 성인지 감수성과 인권 감수성에 대해 생각하고 공부해야 하며, 가정에서부터 아이가 성평등과 인권에 대한 민감성을 가질 수 있도록 도와줄 수 있어야 한다.

메타버스 속의 성인지 감수성과 인권 감수성

메타버스에서 성인지 감수성과 인권 감수성은 어떻게 작용하게 될까? 메타버스는 실제 인간이 들어가는 게 아니라고 많이들 생각한다. 나 대신 내 '부캐'인 아바타를 움직이면서 메타버스 세상을 살아가기도 하고, 나를 숨기고 나의 부캐들을 마치 다른 존재인 것처럼 꾸미고 콘셉트를 잡아서 이미지를 만들기도 한다. 아바타가 없어도 간단하게 프로필만으로 또 다른 자아를 만들어내기도 한다. '메타버스 플랫폼에 가입해서 프로필 설정이나 아바타를 만들 때, 실제 나에 대해 기재하거나 실제 나와 비슷하게 만들면 옛날 사람'이라는 우스갯소리가 있다. 그만큼 메타버스에서는 다양한 자아가 존재할 수 있다는 것이다.

생각해보면 이런 다양한 자아 또한 그 사람의 일부가 될 수 있지만, 우리는 쉽게 가상 세계에서의 아바타라고만 생각해서 인간이 아닌 것처럼 대하기도 한다. 어떤 경우에는 모두 가면을 쓰고 있는 세상이라고 생각하기도 한다. 그렇기 때문에 현실이라면 절대 하지 못할 말이나 행동을 메타버스 안에서 아무런 거리낌 없이 할 수도 있다.

예를 들어 학교에서 교육을 통해 성적 질문이나 행동들이 상황에 따라 폭력이 될 수 있음을 알게 된 아이들도 메타버스에서는 '어차피 나인 줄 모르는데 한번 시도해볼까?'라는 생각을 할 수 있다는 것이다. 그러고 나서 그런 생각을 '해보고 아니면 말고' 식으로 실천으로 옮기게 된다. 게다가 만약 성인지 감수성과 인권 감수성이 아주 낮은 아이라면, 이 아이는 현실 세계에서 성범죄라고 할 만한 행동을 메타버스 안에서 충분히 할 수 있는 것이다.

메타버스 휴머니티

게임에는 유저들을 도와주는 NPC(Non-Player Character)가 있다. "NPC는 인권이 존재하는가?"라는 질문이 이슈가 됐던 적이 있다. 유저들이 NPC는 인간이 아니기 때문에 막 대해도 된다고 생각해서 NPC에게 성적 농담을 하거나 다가가서 폭력을 행사하기도 했다. 'NPC는 인간이 아니기 때문에 조금 짓궂은 장난 한두 번은 칠 수 있지 않아?'라는 생각이 든다면 우리 아이에게 적용시켜 상상해

보면 좋겠다. 만약 우리 아이가 NPC에게 성적 농담을 하고 몸매 평가를 하며 물리적 폭력을 가하면서 웃고 있다면, 재미있다고 함께 웃어줄 수 있을까?

아이의 성인지 감수성과 인권 감수성을 키워주지 않으면 아이는 아주 쉽게 다른 사람에게 상처를 주고 타인의 인권을 짓밟을 수 있다. 짓밟는 것보다 더 무서운 것은 자신의 행동에 어떠한 감정을 느끼지 못하는 것이다. 이런 행동이 '메타버스니까 괜찮다'라는 생각으로 계속되면, 이런 행동은 메타버스에서만 국한되어 나타나지 않을 것이다. 메타버스가 상용화되면서 우리는 메타버스 세계와 현실 세계를 오가는 일상을 살게 될 것이다. 그러니 메타버스에서 쉽게 다른 사람을 짓밟게 된 아이는 메타버스와 이어지는 현실 세계에서도 스스로 자신의 언행을 통제하지 못하게 될 수 있다.

메타버스라고 하면 AI를 떠올리고 기계에 지배되는 인간의 모습, 혹은 기계가 모든 것을 컨트롤하는 사회를 떠올릴 수도 있지만, 그것 또한 인간이 하는 것이다. 메타버스 세상의 구도는 '인간 vs 기계'가 아니다. 메타버스 세상의 구도는 '인간 vs 메타버스 시대의 인간'이 되는 것이다. 그러니 메타버스가 아무리 발달해도 인간에 대한 존중과 사랑, 즉 메타버스 휴머니티는 메타버스 시대의 인간이 기본적으로 갖춰야 하는 기본 됨됨이다. 그러니 메타버스 시대가 지금보다 더 많이 열리기 전에 아이들의 성인지 감수성과 인권 감수성을 키워줄 수 있는 교육이 반드시 우선되어야 한다.

미디어 리터러시 교육으로 분별력과 판단력을 길러라

현재 우리는 미디어가 넘쳐나는 세상에 살고 있다. 미디어의 종류도 굉장히 다양해졌다. 예전에는 지면의 글, 잡지의 그림 같은 콘텐츠에서 움직이는 콘텐츠로 바뀌었고, 최근에 개발되고 있는 메타버스는 그 콘텐츠 안에 내가 들어가서 직접 경험하는 방식으로 만들어지고 있다.

이렇게 다양한 미디어에 둘러싸여 있는 상황에서 어떤 미디어를 선택하고 어떤 미디어를 걸러야 하는지 알아야 한다. 나에게 도움이 되는, 혹은 건강하고 안전한 방식으로 소비할 수 있는 미디어는 어떤 것인가 고민하고 선택할 수 있는 능력은 우리가 반드시 가져야 하는 능력이다. 또한 현대사회의 미디어에서 성을 어떻게 보여주고 대중들로 하여금 어떻게 보도록 조종하고 있는지 알아차리는 것은, 우리의 정신 건강을 위해서도 매우 중요한 일이다.

자극성을 경쟁하는 콘텐츠

유튜브를 볼 때마다 깜짝 놀라곤 한다. 유튜브 BJ들이 노출이 심한 옷을 입고 BJ들끼리 서로를 성적 대상으로 만들어주려고 최선을 다한다. 그 안에서도 성별을 나누고, 남성이 여성을 성적인 흥밋거리로 소비하는 모습을 보여준다. 남자 BJ들은 자신이 강하다는 것을 보여주기 위해 욕을 섞어서 말을 한다. 다른 BJ들을 불러다가 술을 먹이고 리액션을 하게 하는 등 동료들을 또 하나의 흥밋거리로 재생산하고 있다. 이야기하는 내용도 자극적인데, 싸운 내용, 교도소에서 겪은 일, 성관계 경험담, 호스트바나 주점에서 일한 경험담, 성전환 수술 경험담, 섹스토이 사용 후기 등 어떻게 그렇게 자극적인 이야기들을 생각해내는지 신기할 정도다.

시청자들이 돈을 지불하고 여러 가지 것들을 시키기도 하고, 시청자가 지불한 금액에 따라 리액션을 제공하기도 하는데, 이런 구성들은 자본주의를 바탕으로 우리가 돈을 지불하면 다른 사람도 내 마음대로 조종할 수 있을 거라는 착각이 들게 한다.

TV는 좀 나을까? 우리가 너무 아무렇지 않게 TV를 보고 있지만, 그 안에서 만들어가는 여성의 이미지와 남성의 이미지는 매우 다르다. 예를 들어 샴푸 광고에는 예쁘고 머릿결 좋은 여성이 나오는데, 여성은 지나가면서 좋은 머릿결을 휘날리며 좋은 향기를 품어야 한다고 말하고 있다. 심지어 예전에는 그런 장면에서 남성이 뒤돌아보며 여성의 향기에 호감을 가지는 장면까지 들어가 있었다. 남성에 대한 모습도 당연히 존재한다. TV나 광고에 나오는 남성의 모습은 좋은 차에 좋은 직장, 자상한 모습과 강한 모습이 공존하는 이미지로 그려진다. 괜찮은 남성이라면 이 정도 조건에 이 정도 성품은 되어야 한다는 무언의 메시지를 주는 것이다.

그 외에도 미디어에서 쉽게 볼 수 있는 성적 대상화, 외모 평가, 성차별 같은 요소는 끝도 없이 찾아낼 수 있다. 그러나 많은 사람들은 그런 미디어를 아무런 문제의식 없이 소비하고 있다. 아이들을 자극하는 폭력성, 선정성에 대해서만 걱정할 뿐, 아주 조용히 우리 아이들의 인식에 스며들고 있는 깊은 문제점들에 대해 인지하지 못하는 경우가 대부분이다.

미디어 리터러시 능력은 필수 능력

앞서 언급했지만 미디어 리터러시에 대해 다시 한 번 정의하자면, 미디어를 사용할 수 있는 능력뿐만 아니라 본인이 사용하는 미디어를 분석하고 평가·비판할 수 있는 메타 능력을 '미디어 리터러시'라고 한다. 여기서 메타 능력이라는 것은, 자신의 기본 능력을 점검할 수 있는 능력을 말한다. 메타버스 시대에 성과 관련된 메타 능력은 어떤 요소에서든 중요하다. 특히 우리가 살고 있는 세상이 미디어에 완전히 둘러싸여 있는 현실 속에서, 미디어에 대한 분별력과 판단력을 가지는 것은 무분별한 미디어에 휩쓸려가지 않기 위한 안전장치다.

좀 더 쉽게 이야기하자면, 미디어 리터러시는 미디어를 보면서 무엇이 잘못되었는지 부적절한 요소들을 찾아내는 능력 그리고 그런 요소들을 비판하고 바로잡기 위해 어떤 관점을 가져야 하는지까지 생각할 수 있는 능력을 말한다. 더불어 본인의 그런 능력이 잘 갖춰져 있는지, 판단력과 분별력을 갖기 위해 어떤 관점을 가져야 하는지 점검하고 노력하는 것까지 포함한다.

메타버스 시대에는 더 다양한 콘텐츠들이 나오고, 우리 아이들의 미디어 소비량은 급격히 증가하게 된다. 메타버스 기술 발달과 미디어 다양성이 어차피 올 미래라면 그 미래가 오지 않길 바라는 것은 소용이 없다. 또, 지금까지의 방식으로 통제할 수 있다고 믿으면 절대 새로운 세상에 대처할 수 없다.

미디어 리터러시 능력은 미디어가 가득한 이 세상을 살아가는 데 필수 능력이다. 양육자가 이런 능력을 먼저 갖추도록 노력하고, 이 부분을 아이와 끊임없이 이야기하고 아이가 생각해볼 수 있도록 하는 게 아이의 미디어 리터러시 능력을 키워줄 수 있는 첫걸음이다.

물리적 방어보다는 판단력을 길러줘야 한다

미디어에 대해 이야기하자면 많은 양육자가 스마트폰이나 컴퓨터 사용에 대해 제한하는 것을 떠올린다. 보호자의 역할로서는 약간의 기준과 통제는 필요하다고 생각한다. 그러나 이게 언제까지 가능할까? 우리 아이들이 영원히 양육자의 그런 기준을 따라줄 수 있을까? 이런 기준과 통제가 조금만 심해져도 아이들이 나중에 지키지 못했을 때 거짓말을 하게 될 가능성이 높아진다. 아이들이 어릴 때는 기준과 통제가 먹히지만 나중에는 아이들이 커가면서 스스로 판단할 수 있는 훈련을 시켜주는 게 훨씬 더 효과적이다.

메타버스 시대에는 지금보다 훨씬 다양한 미디어들이 넘쳐나게 된다. 지금까지와 다른 점은 메타버스는 단순히 눈으로 보는 게 아니라 직접 그 미디어에 들어가서 참여하게 된다는 것이다. 지금은 유튜브로 BJ들이 옷 벗고 춤추는 모습, 술 마시면서 성적인 농담을 하는 모습을 지켜보지만, 메타버스 시대가 오면 우리 아이들이 직접 그 안에 들어가서 참여할 수 있게 되는 것이다. 거기에서 타인을 성적 대상화로 만드는 '섹드립'에 익숙해지는 아이가 될 수도 있고, 우리 아이가 성적 대상이 되어 소비될 수도 있다는 뜻이다.

너무 두려워하고 겁먹을 필요는 없다. 다만 지금부터 양육자가 먼저 미디어 리터러시에 대해 공부하고 연습하는 게 필요하다. 아이들이 어리더라도 충분히 가능하다. 아이들이 보는 만화에서도 부적절한 요소들은 넘쳐나기 때문이다. 아이들이 보는 콘텐츠에서 부적절한 게 있다면 양육자가 먼저 캐치해서 아이에게 물어보고 이야기 나누는 습관을 가져야 한다.

양육자 교육에서 나는 "미디어에서 보여주는 여성의 이미지와 남성의 이미지는 어떻게 다를까요?"라는 질문을 했다. 양육자 중 몇 명은 "단순히 아이돌의 노출이 불편하게 느껴지고 아이들이 못 보게 해야겠다는 생각만 했지, 한 번도 그걸 생각해본 적이 없네요"라고 했다. 그중 한 양육자는 교육을 듣고 얼마 후, 아이들과 여자 아이돌의 뮤직비디오와 남자 아이돌의 뮤직비디오가 어떤 차이가 있는지 이야기를 나눠봤다고 했다. 그리고 이렇게 말했다. "강사님, 아이와 그 이야기를 했더니 그다음부터 애가 그런 장면이 나오면 먼저 말하더라고요. 신기했어요. 저도 이제 애한테 배우네요"라며 웃었다.

양육자가 미디어 리터러시 능력이 생기면 아이와 다양한 이야기를 할 수 있고, 덩달아 아이의 미디어 리터러시 능력도 향상될 수밖에 없다. 아이가 성장하면서 이런 부분을 스스로 찾고 먼저 이야기할 수 있는 능력이 생긴다면 우리 아이들은 메타버스 세상에서도 미디어 리터러시 능력을 가질 수 있다. 그리고 이 능력은 메타버스 세상에 휩쓸려 건강하지 않은 성의식을 가지게 되는 것을 막아주는 방패가 될 것이다.

주체적인 아이가 되도록 '성 메타인지'를 높여라

이미 성큼 다가온 메타버스 세상, 이 안에서 바이러스처럼 퍼지는 성범죄로 인해 양육자들의 고민도 부쩍 늘어났다. 어떻게 하면 아이들이 메타버스에서 즐겁고 안전하게 활동할 수 있을까? 24시간 양육자가 아이들을 바라보며 지킬 수는 없다. 결국은 아이들 스스로 건강한 성적 주체가 되어 능동적이고 주도적으로 나아가도록 해야 한다.

이 능력을 키우기 위해서는 무엇보다 '메타인지'를 높이는 것이 필요하다. 건강한 메타인지 능력을 갖춰야 메타버스에서 무엇이 옳고 그른지 판단하고 주체적으로 활동할 수 있기 때문이다.

메타인지란?

'메타인지(metacognition)'란 한 단계 고차원을 의미하는 '메타(meta)'와 어떤 사실을 안다는 뜻의 '인지(cognition)'를 합친 용어로 자신이 아는 것과 모르는 것을 정확하게 파악하는 인지능력이다. 1970년대 발달심리학자인 존 플래벌(J. H. Flavell)에 의해 만들어진 용어로 '자기 생각에 대해 판단하는 능력'을 말한다. 다시 말해 내가 무엇을 모르고 무엇을 아는가를 아는 인지능력이다.

예를 들어 '자기가 생각한 답이 맞는지', '시험을 잘 쳤는지', '내가 정확한 길로 찾아왔는지', '이 언어를 배우는 게 내게 어려울지' 등의 질문에 답할 때도 사용된다. 자신의 정신 상태, 곧 기억력이나 판단력이 정상인지를 결정하는 데도 사용하며 상위인지라고도 한다.

시험을 본다고 가정해보자. 이번 시험 범위에 대해 제대로 알고 공부해야 문제를 잘 풀고 좋은 성적을 얻을 수 있다. 반대로 시험 범위에 대해 알지 못해 쌩뚱맞게 다른 범위를 공부하면 시험을 망치게 된다. 영어 문법 시험인데 듣기 평가 시험만 공부해서는 좋은 결과가 나올 수 없는 것처럼 말이다. 본인이 왜 시험을 망쳤는지 그 원인에 대해 알지 못하면 메타인지 능력이 부족한 것이라 할 수 있다.

뛰어난 메타인지 능력을 갖췄다면 적절한 시기에 적절한 도전을 함으로써 학습 속도를 빠르게 높일 수 있다. 메타인지란 우리 자신의 사고 능력을 바라보는 또 하나의 눈이기 때문이다. 메타인지의 핵심은 자신의 상황에 대해 객관적으로 판단하고 분별하는 능력이다. 이 능력이 메타버스 세상과 성교육에서도 매우 중요하고 필요하다.

성 메타인지를 높여야 하는 이유

메타버스에서는 자신의 상황을 명확하게 이해하고 대처해야 한다. 내가 직접 활동하는 게 아닌 나를 대신하는 '아바타'가 활동하기 때문이다. 나라고 생각하면서 동시에 아니라고 생각하기 때문에 활동하며 혼동이 오고 문제의식도 약화될 수 있다.

메타인지는 스스로 무지함을 일깨우려 할 때 자주 사용된다. 모르는 것을 아는 척하는 것도 위험하지만, 더 위험한 건 '내가 모르고 있다는 것조차 모를 때'다. 메타버스에서 '자신=아바타'라는 명확한 인지능력이 없다면 무엇이 문제인지조차 모를뿐더러 위험한 상황에 처할 수 있다.

메타버스를 단순히 아바타의 활동 또는 게임이라 생각하면 어떻게 될까? 가해자는 성폭력을 가하는 것에 죄책감을 느끼지 못할뿐더러 피해자도 문제의 심각성을 미처 생각하지 못한다. 익명성 안에서 함부로 말하고 폭력적인 언행을 할 것이다. 아이들도 이런 폭력에 점점 익숙해지면 내면화해 문제의식 없이 범죄 행위를 저지를 수 있다.

메타버스 안에서 안전하고 건강하게 활동하기 위해서는 '성 메타인지'를 길러야 한다. 성 메타인지란 성에 관해 무엇이 옳고 그른지 분별하고 주체적으로 판단하는 능력이다. 이 능력을 통해 메타버스 안에서 아이들이 성과 관련된 문제를 스스로 해결하는 힘을 기를 수 있다.

스스로 내면의 성적 가치관과 성인지 감수성을 건강하게 바라보고 기르는 능력이 성 메타인지 능력이다. 이런 능력이 길러져야 메타버스 세상에서의 아바타뿐만 아니라 AI의 권리까지도 존중할 수 있다. 복잡한 현실과 메타버스 세상에서 우리들에게 반드시 필요한 능력이다. 성 메타인지라는 거울로 자신을 비추고 무엇이 필요하고 보완해야 하는지 아는 훈련이 필요하다.

성 메타인지를 높여 메타인지 성교육을 하라

인지심리학자인 김경일 아주대 심리학과 교수는 "세상엔 내가 설명할 수 없는 지식과 내가 설명할 수 있는 지식, 이렇게 두 종류의 지식이 있다"라고 말했다. 그는 "단순히 아는 것 같다는 느낌이 아니라 내가 설명할 수 있는 두 번째 지식이 진짜 지식"이라고 강조했다. 수영이라는 단어만 아는 것과 실제 수영을 하며 알려주는 것은 천지 차이다.

메타버스 세상 안에서 아이들이 건강하게 활동하기 위해서는 양육자부터 성에 관해 '진짜 지식'을 가져야 한다. 성에 관해 단순히 아는 것 같다는 느낌이 아니라, 내가 아이에게 쉽게 설명할 수 있는 단계가 되어야 한다. 나는 이것이 제대로 된 메타인지 성교육이라고 생각한다.

메타인지 성교육은 단순히 공부하는 단계를 넘어 실천을 통해 반복하는 학습이 필요하다. 충분한 반복 학습을 통해 성인지 근육을 단련해야 한다. 일상뿐만 아니라 메타버스 세상으로 들어가 성에 관해 대화를 나눠보자. 현실 세계에서 지켜야 하는 규칙을 적절히 활용해 메타버스에서도 이야기할 수 있다.

메타버스 시대 아이들을 위한 메타인지 성교육의 목표는 무엇보다 '자기 결정권과 주도적으로 활동할 수 있는 권리를 갖는 것'이다. 자신의 건강, 존엄성, 권리에 대해 명확히 이해하고 있는 아이들이 메타버스 안에서도 책임감 있게 활동할 수 있다. 앞서 말한 포괄적 성교육을 통해 기틀을 탄탄하게 마련해야 한다. 메타버스 세상에서도 자신의 선택과 결정에 의한 주인 된 삶을 살아가야 한다. 그게 메타버스 성교육의 핵심이다. 아이들이 메타버스에서 주인으로 살 수 있도록 양육자부터 성 메타인지를 높이자.

자기 스스로 결정하는 아이는 메타버스에 휘둘리지 않는다

요즘에는 SNS를 하는 양육자도 굉장히 많은데, SNS뿐만 아니라 온라인 콘텐츠를 사용할 때 양육자들은 주체적인가? 주체적이라는 것은 스스로 자유롭게 선택하고 실행할 수 있는 것을 의미한다. 남한테 휘둘리지 않고 제대로 개념만 가지고 있다면 얼마든지 건강하고 안전한 방법으로 디지털 기기를 사용할 수 있고 콘텐츠를 선택할 수 있기 때문이다.

메타버스에서도 아이의 주체성만 제대로 길러줄 수 있다면, 아이가 메타버스 세상에 휘둘리지 않고 얼마든지 좋은 방향으로 선택적으로 사용할 수 있게 된다. 그렇기 때문에 메타버스에서 아이의 주체성을 길러주는 것은 아이에게 기본적인 메타버스 활용 능력을 길러주는 것과 같다.

양육자의 패턴을 파악해야 한다

간혹 아이 교육이 끝나고 양육자 교육을 하거나, 회기를 나눠서 아이 교육과 양육자 교육을 진행하는 경우가 있다. 그런데 양육자들은 아이들이 수업에 적극적으로 참여하기를 바라고, 아이들이 질문은 얼마나 했는지 참여하는 태도는 어땠는지 궁금해한다. 다른 아이들보다 적극적으로 질문하고 선생님과 소통하기를 바라며, 성교육 시간을 잘 활용해서 아이 스스로 올바른 성 지식을 얻을 수 있길 바란다. 그런데 양육자 교육을 진행해보면 아이들보다 오히려 더 소극적으로 수업에 참여하는 어른들의 모습을 자주 본다. 양육자들이 아이들에게 바란 주체적이고 적극적인 태도가 양육자에게서 더 보기 힘든 것이다.

적극적이고 주체적인 성향은 양육자의 영향을 많이 받는다. 물론 기질적인 측면도 무시할 수는 없다. 그러나 아이의 기질에서 강점을 어떻게 발달시키는지는 양육자의 태도가 큰 영향을 준다.

온라인상의 주체성도 마찬가지다. 온라인상의 주체성을 키워주기 위해서는 양육자의 온라인 주체성을 확인해야 한다. SNS를 보면서 다른 사람과 비교하거나, 보여주기식 소셜 네트워킹을 하지는 않는지 생각해보자. 무방비로 노출당하고 미디어 리터러시가 전혀 안 되는 상태에서 아이가 자극에 노출되는 것을 걱정만 하고 있지는 않은지 생각해봐야 한다. 만약 그런 경향이 조금 있다고 한다면, 이런 감정과 패턴을 아이가 그대로 갖게 되면 어떨지 상상해보자.

스스로 주인이 되어야 한다

아이를 보호하고 싶다면 아이에게 이래라저래라 하는 것은 도움이 안 된다. 아이가 볼 것들을 양육자가 대신 선택해주고 아이가 하고 싶어 하는 것을 모두 막으면서 아이의 주체성을 키워줄 수는 없다.

주체성은 일상에서 스스로 자유롭게 선택하고 경험하며 길러진다. 자기의 욕구를 명확하게 알고 그 욕구를 충족하기 위해 선택하는 경험을 해야 한다. 선택을 했을 때 그 선택이 본인에게 어떤 영향을 주는지 알아야 하고, 그 경험을 통해 더 좋은 선택을 할 수 있게 되는 것이다. 잘못 선택했을 때는 본인의 선택이 어떤 결과를 가져다주는지 깨달아야 하고, 그 깨달음을 통해 다음 선택을 더 현명하게 할 수 있도록 연습시켜야 한다. 그런데 그런 경험들을 시켜주지 않고 양육자가 모든 것을 다 선택하고 아이의 선택을 묵살하고 신뢰하지 않는 경우도 많다. 이렇게 아이에게 경험을 통한 훈련을 시켜주지 않으면서 아이가 주체성을 가지기를 바라는 것은 어불성설이다.

메타버스 안에서의 성도 마찬가지다. 본인이 원하는 것을 명확하게 알고 그 욕구를 충족하기 위해 선택할 수 있어야 한다. 메타버스 안에서 성적인 경험을 하길 원한다면, 자신의 성 건강을 해치지 않는 선에서 그리고 타인에게 피해를 주지 않는 선에서 건강하고 안전한 콘텐츠를 선택할 수 있어야 한다(이 부분은 추후 메타버스 성 관련법이 만들어짐에 따라서 절대 불가능한 이야기가 될 수도, 어느 정도 사회적으로 용인되는 이야기가 될 수도 있다). 안전한 선택을 하기 위해서는 성과 관련된 정확한 지식을 갖고 있어야 하고, 성인지 감수성과 성인지적 미디어 리터러시가 바탕에 깔려 있어야 한다.

어릴 때부터 가정에서 모두가 함께

우리는 미디어에 노출되는 것을 컨트롤할 수 있다. 어려운 이야기처럼 들리겠지만, 넘쳐흐를 정도로 방대하게 생산되는 미디어와 새롭게 만들어지는 메타버스의 여러 경로들을 내가 스스로 선택하고 걸러내는 것은 가능한 일이다.

메타버스 시대가 온다는 것은 우리가 선택하고 걸러내야 할 다양한 콘텐츠들이 많아진다는 것을 의미한다. 그리고 다양한 플랫폼들이 나오게 된다는 뜻이다. 유튜브나 SNS가 발달했을 때도 그랬듯, 메타버스 안에도 어마어마하게 많은 성적 요소들이 들어 있을 것이다. 양육자가 이런 모든 것을 다 파악할 수는 없다. 양육자가 모르기 때문에 무조건 못하게 막을 수도 없고 아이의 선택을 대신 해줄 수도 없다. 그렇기 때문에 아이의 주체성을 키워주는 것이 중요하다.

어떤 집 아이들은 아이 스스로 넷플릭스에서 보고 싶은 프로그램을 선택하고 그것만 보면 스스로 디지털 기기를 양육자에게 반납하는 아주 이상적인 모습을 보인다. 불가능한 이야기가 아닐까 생각할 수 있지만, 어릴 때부터 어떻게 접하도록 하는지에 따라 충분히 가능하다.

얼마 전 조카가 놀러왔다. 기차 장난감을 가지고 놀던 아이가 "엄마, 다른 기차 보여줘. 이거 말고 다른 기차" 하고 말하자 동생은 유튜브에서 기차 모음 영상을 틀어줬다. 스마트폰을 가져가서 자기 자리에 앉더니 2~3분 되는 영상을 두 번 반복해서 봤다. 그 후 아이의 반응이 놀라웠다. "엄마, 다 봤어"라고 하면서 스마트폰을 미련 없이 엄마에게 돌려주는 것이었다. 세 살밖에 안 된 아이지만, 스마트폰이나 유튜브를 주도적으로 사용하는 습관을 아주 잘 배워가고 있다는 생각이 들었다.

스마트폰을 쥐여주지 않으면 당최 가만히 있지 못하고 기계에 끌려다니는 아이와 스마트폰을 주도적으로 사용할 줄 아는 아이는 무엇이 다를까? 동생 부부는 집에 TV를 두지 않았다. 거실과 방은 책이 가득하고, 급한 일 처리가 아니라면 아이들이 보는 앞에서 스마트폰 사용은 자제한다. 아이가 궁금해하는 것은 책에서 함께 찾아 설명해주고 아이가 스마트폰을 요구할 때 타당한 일이라면 아이와 '밀당'하지 않는다. 무엇보다 아이에게 스마트폰으로 처음 뭔가를 보여준 게 1~2개월 전이라고 했다.

미디어 사용을 최대한 늦게 하되, 아이가 궁금해하는 것은 책을 통해 많이 알려주고 그 이상의 정보가 필요할 때 적절하게 디지털 기기를 사용해야 한다. 디지털 기기 사용에 의존되어 있는 양육자의 모습을 보이지 않는 것도 중요하다. 어렸을 때부터 아이 스스로 TV 프로그램, 넷플릭스, 게임, SNS를 선택해서 사용할 수 있게 하고 사용 후기를 나누는 것이 도움이 된다. 어떤 이유에서 보고 싶은지 아이가 판단하고 말할 수 있도록 한다. 그리고 그걸 경험하고 나서 느낀 점을 양육자가 함께 이야기해보는 것이 아이의 주체성을 키워주는 데 도움이 된다. 양육자가 봤을 때 아이의 선택이 적절하지 않다면 아이의 선택을 비난하지 말고 아이를 납득시킬 만한 이유들을 준비해서 함께 나눠야 한다. 이렇게 아이의 선택을 수용할 수 없는 이유를 나누는 과정 자체가 아이의 온라인 주체성을 키워주는 역할을 할 수 있다.

메타버스에 휘둘리는 아이로 키워서는 안 된다. 메타버스는 지금까지의 온라인 세상보다 훨씬 더 강력한 존재다. 그렇기 때문에 휘둘리는 것을 넘어서 메타버스가 아이의 주인이 될 수 있다. 메타버스를 잘 활용하고, 스스로 옳고 그름을 판단할 수 있는 아이로 키워야 한다. 단순히 물리적으로 사용하는 것을 막는 것보다, 양육자가 개입하지 않더라도 아이 스스로 관리할 수 있도록 하는 게 장기적으로 더 안전한 방법이다. 또, 본인의 선택이 잘못되었다면 양육자에게 바로 도움을 요청할 수 있는 신뢰도 만들어줘야 한다. 그러기 위해서는 아이가 어릴 때부터 스스로 선택하는 것을 연습하도록 도와야 하며, 잘못된 선택을 했을 때도 그 경험을 통해 배울 수 있도록 양육자가 함께하며 가정 분위기를 만들어가야 한다. 무엇보다 양육자부터 온라인 주체성을 가질 수 있도록 노력해보자.

양육자가 먼저 메타버스에 참여하라

디지털 메타버스의 세계가 현실보다 익숙한 아이들이 늘어나고 있다. 이런 아이들에게 일상에서 어떻게 자연스럽게 메타버스 성교육을 할 수 있을까? 메타버스 성교육을 하기 위해서는 먼저 알파 세대인 아이들과 소통하는 방법을 배우고 눈높이를 맞추는 것이 중요하다. 아이들이 좋아하는 놀이공원에 함께 가서 즐겁게 놀듯이 말이다.

메타버스는 단순히 '놀이'를 넘어 각종 사회·문화·경제 활동의 중심이 되고 있다. 수익을 창출하는 시장을 열 수도 있고, 유저끼리 소통이 자유로운 소셜미디어 기능을 하기도 하며, 직접 게임과 공간을 제작할 수도 있다. 메타버스 아바타는 본인과의 동일시를 통해 애착을 강화한다.

메타버스 세계가 무엇이고 어떤 일이 일어나며, 얼마나 강력한 중독성이 있는지 양육자가 이해해야 올바르게 지도할 수 있다. 가상 세계에서는 자신을 상징하는 아바타가 타인과 교류하는 하나의 '세상'이다. 그러므로 중간에 강제로 게임을 종료했을 때 일반 게임보다 강력한 박탈감을 느낄 수 있다. 나아가 현실 세계라는 감옥에 갇힌 듯한 고통을 유발한다. 따라서 양육자는 메타버스에서 활동하는 아이들을 무조건 막아서는 안 된다.

무조건 막지 말고 서로 조율점을 찾아보자

아이들이 활동하는 메타버스에 함께 참여하지 못할망정 무작정 막는 양육자들도 있다. 그들은 아이가 메타버스 세상과 게임에 빠져서 해야 할 공부를 하지 않는다고 하소연한다. 그럼 역으로 질문하고 싶다. "게임을 못하게 한다고 아이들이 공부를 열심히 할까?" 오히려 반대의 결과가 나올 수도 있다. 사고 억제의 역설적 효과 때문이다.

사고 억제의 역설적 효과란 특정 생각, 욕구를 억누르려 하면 할수록 그것이 떠오르기 쉽고 더 하고 싶어지는 효과다. 반향 효과, 반동 효과라고도 한다. 하버드대학교의 사회심리학자 대니얼 웨그너(Daniel M. Wegner)의 '흰곰' 실험에서 이를 증명했다. 실험 참가자들에게 흰곰을 생각하지 말라고 했는데 오히려 더 흰곰에 대한 생각을 많이 했다는 것이다. 생각을 계속해서 억제하려고 노력하는 과정이 오히려 더 그 생각을 의식적으로 떠오르게 한다. 게임을 그만하라고 하면 할수록 게임이 더 생각나고 하고 싶어지는 것과 마찬가지다. 사람은 원치 않는 통제에 계속 눌려 있으면 이것을 해소하고자 하는 본능이 있다.

나는 청소년기에 디아블로, 리니지라는 롤플레잉 게임을 즐겼다. 학교를 마치거나 주말이면 어김없이 게임 세상으로 들어가 활동했다. 부모님은 내가 게임 하는 것을 크게 막거나 관여하지 않았다. 게임을 하도록 허락하되, 게임을 하다 내가 대책 없이 화를 내거나 부정적인 감정에 휩싸일 때면 "게임을 하면서 꼭 화를 내야 하니? 너무 거기에 흠뻑 빠지지 마" 하고 조언했다. 덕분에 게임을 할 때도 적당히 즐기는 단계까지만 할 수 있었다.

청소년기에 게임을 하며 스트레스를 풀고 욕구가 충분히 충족되었다. 그 이후로 어느덧 게임에 흥미를 잃고 성인이 되어서는 하지 않았다. 나는 게임을 하며 내 감정과 욕구를 조절하는 방법도 배웠다. 만약 그때 부모님이 나에게 무작정 게임을 하지 말라고 말했다면 어땠을까? 욕구를 끝내 참지 못하고 어떻게든 방법을 찾아 몰래 했을 것이다.

아이들에게 메타버스 게임을 하지 말라고 하는 것은 양육자가 밖에서 친구를 만나지 못하게 하는 것과 마찬가지다. 타의에 의해 집에 온종일 틀어박혀 사람을 만나지 못하면 그 답답함을 누가 참을 수 있을까? 거듭 말하지만 메타버스는 단순히 '게임'을 초월해 우리 일상과 똑같이 소통하며 유대감을 형성하는 곳이다.

메타버스 성교육, 바로 실천하는 방법

메타버스 성교육은 지식뿐만 아니라 '실천'이 중요하다고 계속 강조했다. 그중에서 가장 빠르게 배울 방법은 내가 직접 메타버스 세상에 들어가 활동하는 것이다. 백문불여일견(百聞不如一見)이다. 직접 내가 경험해봐야 메타버스가 무엇인지 조금이라도 알 수 있다.

강의를 다니며 메타버스 세상에서 아이와 소통하는 양육자들을 종종 만났다. 성교육을 나갔을 때 만났던 한 엄마는 아들과 함께 로블록스를 한다고 말했다. "처음에는 아들이 왜 이런 게임에 빠져서 계속하는지 몰랐어요. 솔직히 처음에는 저도 별로 하고 싶지 않았지만 아들을 위해 해보기로 했어요. 그리고 로블록스를 설치하고 아바타를 만들어 함께 하게 되었죠. 요즘 로블록스에서 낚시 게임을 하는데 어찌나 재미있던지 제가 더 빠져서 즐겁게 하고 있어요." 엄마는 로블록스로 아들과 친해지니, 자연스럽게 성에 관한 대화도 잘 나눌 수 있다고 말했다. 아들이 게임을 하다가 성적인 콘텐츠나 욕설을 접하면 엄마에게 가장 먼저 이야기한다고 했다.

초등학생 딸을 키우는 한 아빠는 딸과 함께 '제페토' 활동을 한다. 딸이 제페토를 너무 좋아해 소통하기 위해 시작했고 여기서 발생한 문제도 함께 해결했다. 그 아빠는 이렇게 말했다. "저는 제페토 하는 방법을 딸에게 배웠습니다. 처음에는 왜 이런 게임을 하는지 걱정했는데 저의 괜한 걱정이었어요. 딸이 자신의 월드로 저를 초대하더라고요. 딸이 직접 제 아바타를 꾸며주었습니다. 서로의 아바타로 함께 접속해 제페토 놀이공원에서 신나게 놀았습니다.

코로나 상황이라 나가지 못해 답답했는데 그 안에서 신나게 스트레스를 풀었어요.

얼마 전에는 제페토에서 한 아바타가 딸에게 접근해 '나랑 비밀 놀이할래?' 하며 성적인 말을 했습니다. 딸이 바로 이야기해줘서 제가 직접 들어가 혼쭐내주고 딸에게는 '많이 놀랐지? 너의 잘못이 아니야. 아빠한테 말해줘서 고마워'라고 위로해주었어요. 그 이후로 딸과 사이가 더 돈독해졌습니다. 무슨 일이 생기면 바로 저에게 이야기하겠대요. 저도 메타버스에서 이렇게 활동을 하게 될 줄 몰랐어요. 메타버스 덕분에 딸과 친해지고 둘도 없는 사이가 되어 즐겁고 행복합니다."

지금 당장 아바타를 만들어라

앞서 언급한 두 양육자를 통해 메타버스에 양육자가 참여하는 것이 얼마나 중요한지 알 수 있었다. 직접 아이들의 메타버스 세상에 들어간 양육자는 성을 주제로도 자연스럽게 소통하고 있었다. 지금 당신은 어떤가? 이 책을 읽었다고 해서 모든 준비가 된 것은 아니다. 책에서 배운 '앎이 삶'이 되어야 그게 진짜 내 것이 된다.

지금 바로 컴퓨터나 스마트폰으로 메타버스 게임을 받아 아바타를 만들어보자. 메타버스에서 활동하며 다양한 지식을 습득하고 역량을 향상할 수 있다. 아바타를 만들고 나서 메타버스 안에서 아이에게 성 지식 퀴즈를 내어 풀어보게 하는 것도 좋은 방법이다. 양육자가 먼저 메타버스의 감각을 키워야 성교육도 효과적으로 할 수 있다. 그럼 덤으로 아이들과 친해질 수 있는 효과까지 얻을 것이다. 아이가 아직 메타버스를 하지 않는다고 하더라도 예행연습이라 생각하고 하면 된다.

임상 심리 전문가이자 아주대학교 심리학과 교수인 이민규 교수는 자신의 저서《실행이 답이다》(더난출판사, 2019)에서 "생각은 실행해야 현실이 된다!"라고 했다. 이제 양육자가 먼저 직접 실천해 메타버스 세계에서 아이와 함께 소통하자. 내가 먼저 노력하는 모습을 보여주면 아이들은 활짝 웃으며 함께할 것이다.

경계존중교육, 가상 공간에서도 중요하다

최근 성교육에서 경계존중교육에 대해 중요하게 언급하고 있다. 예전보다 개인의 경계가 중요하다고 강조하며 서로의 경계를 존중하고 보호하기 위해 노력해야 한다는 교육을 유아 때부터 받고 있다. 메타버스 시대가 오더라도 여전히 중요한 주제 중 하나가 바로 경계존중이다. 특히 메타버스는 눈으로 보고 피부로 느낄 수 있는 경계 자체가 없기 때문에 개개인이 경계선에 대한 개념이 없고 존중하는 태도를 갖추지 않는다면 얼마든지 메타버스 안의 성범죄나 경계 침범 상황의 중심에 놓이게 된다. 이는 인간으로서의 기본 권리를 보호받지 못하는 사건이 될 수도 있다.

일상의 기본이 되는 경계존중교육

경계라는 것은 심리적·물리적 거리를 의미하며, 개인 영역을 뜻한다. 모든 인간은 개인의 영역이 있고 그것을 경계선이라고 하는데, 이런 개인의 심리적·물리적 영역을 동의 없이 침범하면 안 된다고 알려주고 훈련시키는 것이 경계존중교육이다.

경계존중교육이 조금 낯설게 느껴질 수도 있지만 사실 일상에서 굉장히 많은 경계교육을 하면서 아이를 키운다. 경계존중교육은 매너 교육, 예의범절 교육 등에서도 계속해서 언급된다. 화장실에 노크를 하고 들어가는 것, 친구의 장난감을 만지고 싶을 때 물어보고 만져야 하는 것, 다른 사람 가까이에 갈 때 "실례합니다"라고 말하는 것, 마트에 있는 물건을 계산하지 않고 가지고 올 수 없다는 것 등 일상에서 아이들이 기본적인 예의를 갖출 수 있도록 가르치는 것 또한 경계존중교육이다. 어떤 양육자들은 일상에서 경계에 대한 존중이 없으면 예의 없는 아이가 될까 봐 어떤 경우는 아주 엄하게 가르치기도 한다.

많은 양육자들이 성과 관련된 경계존중부분을 놓치는데, 경계존중교육은 성과 관련된 상황에서 특히나 더 민감하게 생각하고 반응해야 한다. 성과 관련해서는 물리적 거리도 중요하지만 심리적 거리도 영향을 주기 때문에 경계존중이 아이들에게 다소 추상적인 개념으로 느껴질 수도 있다. 그래서 아이들이 실수하지 않도록 반복해서 교육해야 한다. 우리가 눈으로 볼 수는 없지만 우리 모두에게 경계선이라는 것이 존재하고, 서로 경계선을 침범하지 않기 위해 물어보고 상대방의 의사를 존중해야 한다는 것을 끊임없이 배워야 하는 것이다. 그리고 경계선 존중은 모든 상황에서, 모든 관계에서 반드시 해야 하는 것이기 때문에 일과 중에 가정에서 배울 수 있게 해주는 게 필요하다.

메타버스 안에서의 경계

메타버스 하면 대표적으로 떠오르는 게 아바타일 것이다. 아바타 간의 경계는 성립할까? 혹은 아바타의 경계선도 지켜줘야 할까? 현실에서 누군가가 갑자기 가까이 오는 것보다 아바타가 가까이 오는 것이 순간적으로 느끼는 불쾌감이나 놀람이 적을지도 모르겠다. 하지만 적다는 것일 뿐 느껴지지 않다는 것은 아니다. 아무 이유 없이 어떤 사람의 아바타가 나를 따라다니고 내가 서 있는 곳 바로 옆에 서 있는 것을 반복한다고 생각해보자. 당황스럽고 불쾌한 마음이 생길 수밖에 없다.

실제로 이렇게 아바타 간의 성희롱 상황이 많아지면서 아바타 간 거리 두기를 고려하는 메타버스 회사들이 많아졌다. 메타(구 페이스북)에서 개발한 '호라이즌 월드(Horizon Worlds)'에서는 아바타 간 성희롱 및 괴롭힘을 예방하기 위해 아바타 간 1.2미터의 거리를 설정해놓고 다른 사람의 아바타 옆에 가더라도 1.2미터 이상은 다가가지 못하게 만들어두기도 했다. 또, 사용자들이 개인의 경계선을 직접 설정할 수 있는 기능도 함께 제공했다고 한다.

내 아바타가 성희롱을 당하는 것은 상상만 해봐도 현실 못지않게 끔찍한 일이다. 그러니 VR로 내가 직접 가상 세계에 들어간 경우를 생각해보면 비록 실제가 아닌 메타버스 내에서의 성폭력이라고 할지라도 엄청난 트라우마가 될 수 있다. 가상 세계이긴 하지만 실제로 내가 존재하는 가상 세계에서 생기는 일이기 때문이다. 심지어 오감을 다 느낄 수 있는 메타버스 기술이 개발되었을 때 그 안에서 성폭력이 일어난다면 성폭력의 모든 과정을 실제와 똑같은 감각으로 신체적·심리적으로 모두 느끼게 된다. 그게 현실과 다르다고 말할 수 있을까?

메타버스 경계존중을 위해

메타버스 안에서 일어나는 성폭력을 예방하기 위해 관련법을 만들겠다는 뉴스들이 최근 많이 나오고 있다. 관련법이 없기 때문에 반드시 법을 만들고 그 법에 따라 메타버스 안에서 일어나는 일들을 예방하고 처벌할 수 있는 시스템은 중요하다. 사회에서 그런 시스템을 만든다면, 가정에서는 어떤 일을 해야 할까?

가정에서 메타버스 경계존중을 위해 해야 할 일은, 아이들이 자신의 경계에 대해 인지하고 기준을 세울 수 있게 해주는 훈련이다. 그리고 동의와 거절의 의미를 알고 반복적으로 일상에서 연습해야 한다. 이런 훈련은 일상에서 반복적으로 하는 게 중요하다. 현실에서 먼저 훈련을 진행하고, 경계에 대한 개념과 존중하는 태도를 메타버스 안에서 어떻게 적용할 것인지에 대해 이야기할 수 있어야 한다.

가족 간에는 괜찮다고 생각하고 흐지부지한 경계를 가지고 있으면서 밖에 나가서 그러지 말라는 식의 교육은 전혀 효과가 없다. 동의와 거절을 어떻게 표현할 수 있고 그 표현이 관계에 어떤 영향을 주는지 가족 안에서 직접 경험할 수 있도록 하고 조율할 수 있는 능력을 키워줘야 한다. 그래야 다른 관계에서도 명확하게 동의를 구하고 거절을 표현할 수 있게 되는 것이다. 이런 연습을 통해 어느 정도 개념이 생겼으면, 메타버스 안에서 어떤 경계를 세우고 지켜야 할지에 대해 함께 이야기 나눠야 한다.

메타버스는 눈으로 보이는 경계가 없기 때문에 더더욱 조심하고 조율해야 하는 세상이다. 그리고 무엇보다 중요한 것은, 경계를 침범당했을 때 신고하거나 도움을 요청할 수 있는 방법을 알게 하고 망설임 없이 도움을 요청할 수 있도록 신뢰를 쌓아야 한다.

메타버스가개발될수록 실제와 비슷한 일들이 생기고 실제와 비슷한 경험을 하게 된다. 인터넷이나 스마트폰 사용을 물리적으로 막는 데 한계가 있듯이, 메타버스도 물리적으로 막는 것은 한계가 있다. 어릴 때부터 스스로 경계를 세우고 타인의 경계도 존중할 수 있는 아이로 훈련시키는 것이 중요하다. 개인의 경계선이 메타버스 안에서도 당연히 중요하며, 서로 존중하지 않으면 폭력이 될 수 있음을 알려주는 것은 메타버스 시대에서 중요한 사회적 과제다.

메타버스 세계, 혐오 표현은 절대 금물

성교육 프로그램을 진행하던 중 깜짝 놀란 적이 있었다. 열 살짜리 아이가 게임을 하면서 들은 욕설 때문이었다. 아이는 메타버스 게임에서 팀원들과 미션을 수행 중이었다. 근데 같이 미션을 수행했던 사람 중 하나가 아이가 좀 더디다는 이유로 "아~ 씨X, 병X, 장애인 새X. 너 왜 이렇게 굼떠? 엄마, 아빠가 그렇게 가르쳤냐? X 같은 새X"라며 아이에게 욕을 했다는 것이다. 살면서 그런 심한 말은 처음 들어봤다고 아이는 울먹였다.

겨우 열 살밖에 되지 않은 어린아이였다. 알지도 못하는 사람에게 이런 욕을 들었다는 것 자체가 충격이자 공포였다고 했다. 이야기를 하면서 아이는 계속 훌쩍훌쩍 울었다. 너무 화가 났는지 그 사람을 떠올리며 욕을 하기도 했다. 메타버스 세상을 즐겁게 누리지 못할망정 그런 심한 욕을 듣고 충격을 받은 아이가 안타까웠다.

게임상에는 욕을 필터링하는 시스템이 존재한다. 웬만한 욕은 게임에서 자체 필터링이 되기는 하지만 어떤 사람들은 아주 영악하다. 그런 필터링을 뚫어 우회적으로 표현하며 새로운 성적 혐오 표현을 만든다. 아바타 이름 중에는 '니엄마내꺼', '너는기초생활수급자' 등 노골적으로 양육자나 상대방에 대한 혐오 표현을 아이디로 만든 사람들도 존재한다.

메타버스에서 혐오 표현을 배우는 어린아이들

메타버스 게임을 하는 연령층은 매우 어리다. 유명한 메타버스 플랫폼의 경우 대부분 이용자의 70% 이상이 10대다. 이렇게 어린 아이들이 현재 메타버스에서 혐오 표현을 듣고 사용하고 있다. 한국지능정보사회진흥원(NIA)이 2020년 초·중·고교생 4,958명을 대상으로 한 조사에 따르면 19.7%가 사이버폭력을 경험한 적이 있다고 했다. 발생 공간은 '온라인 게임(50.5%)', 가해 대상은 '누군지 모르는 사람(45.8%)'이 가장 많았다.

'로블록스'에서는 사용자가 직접 게임을 만들 수 있는데 이게 악용되는 경우도 있다. 유해 게임도 만들어지는데 성관계에 관련된 게임도 있으며, 집단 따돌림, 욕설, 일진 놀이 등 일탈을 부추기는 게임도 있다. 이 안에서 게임을 잘 따라오지 않거나 순응하지 않으면 온갖 혐오 표현을 쏟아낸다. 로블록스는 국내 이용자가 상당하지만, 국내법으로는 이를 관리·감독할 권한이 없다. 그래서 미국 로블록스 본사의 조치에만 의존해야 하는 상황이다.

열세 살 학생은 어느 게임에 들어갔는데 '욕설'에 관한 방이었다. 대화방에서는 패드립(패륜적인 드립, 부모나 어른을 욕하는 말의 줄임말)을 거리낌 없이 사용하고 있었다. 학생은 차마 입에 담지 못할 온갖 욕설을 들었다고 한다. 실제로 교육을 나가 패드립에 관해 물어보면 모르는 아이가 없다. 이런 온라인 공간에서 더러운 혐오 표현에 지속해서 노출되면 어찌 될까? 혐오 표현에 무뎌지고 아무렇지 않게 사용하고 받아들이는 부작용이 생길 수 있다.

실제보다 더 끔찍한 메타버스 혐오 표현

메타버스 VR 헤드셋은 진화의 진화를 거듭하고 있다. 앞으로 나오게 될 고성능 VR 헤드셋은 센서를 통해 사용자의 시선이나 표정을 인식하고 착용한 사람의 아바타에 반영한다. 즉, 헤드셋을 착용한 사람이 웃으면 웃는 표정이, 찡그리면 찡그린 표정이 메타버스 아바타에 반영된다. 메타버스에서 주고받는 모든 대화를 실제 대화처럼 생생하게 느낄 수 있다는 것이다.

실제로 메타버스 플랫폼은 채팅뿐만이 아니라 서로의 음성을 주고받는 기능이 있다. 모든 대화가 실제 대화처럼 생생하게 느껴지는데 여기에 익명성이 더해지면 그 파장은 어마어마할 것이다. 만약 누군지도 모르는 사람이 계속 나를 따라다니며 괴롭힌다고 생각해보자. 끔찍하지 않은가?

현실에서는 같은 공간에 없으면 그만이지만 메타버스 세상은 언제, 어디서든지 만날 수 있다. 어린아이들이 이런 잘못된 경험부터 먼저 하게 되어 성폭력에 무뎌질까 봐 걱정이다. 온갖 혐오 표현이 창궐하는 메타버스는 건강하고 아름다운 낙원이 아니라 지옥이 될 수도 있다. 어른들이 먼저 발 빠르게 이런 혐오 표현을 제재하고 건강한 문화를 만들 수 있도록 시스템과 제도를 구축해야 한다.

자기 주도적으로 문제를 해결하는 학생들

《메타버스》(플랜비디자인, 2020)의 저자 김상균 교수는 "익명성으로 인해 낮아진 책임감, 공감 능력이 떨어지는 상황, 공포감을 덜 느끼는 환경은 현실 세계보다 메타버스에서 사람들을 더 공격적으로 만드는 요소입니다"라고 말했다. 그가 말한 문제 해결 방법 중 두 가지를 말하자면, 첫 번째는 익명성을 제공하되 시스템적으로 그에 따른 책임을 함께 지는 것이고, 두 번째는 우리가 모두 공격받는 이의 감정에 공감해주고, 공격하는 이에게 그런 감정을 함께 표현해주는 것이다. 이런 감정의 공감대는 공격받는 이를 감싸과 동시에 공격하는 이의 무뎌진 공감 능력을 깨우는 데 도움이 된다고 한다.

메타버스 제작자뿐만 아니라 활동하는 유저 모두 책임감을 느끼고 메타버스 안에서 건강한 질서를 만들어야 한다. 다른 사람의 인권을 존중하고 자기 주도적인 아이들은 이런 문제를 해결할 수 있는 능력이 충분히 있다.

메타버스 거울 세계 공간의 대표적 플랫폼인 'Zoom(줌)'에서 불편한 상황을 해결하는 아이들을 봤다. 약 100명의 초등학생에게 줌으로 성교육을 한 적이 있다. 성교육 중에 생식기 구조와 기능에 관해 설명하고 있었다. 몇몇 아이들이 화면에 보이는 벗은 그림을 보고 "꼬추, 거시기, 좆" 등 듣기에 거북한 말로 채팅방을 도배하고 있었다.

그러자 함께 교육을 들었던 학생들이 채팅방에서 "수업 중에 그런 잘못된 말 사용하지 마! 누가 그런 말 사용하래? 여기 너만 있는 거 아니잖아. 같이 수업 듣는데 피해는 주지 말아야지"라고 말했다. 그렇게 연대의 채팅이 쭉 올라오자 앞서 불편한 말을 했던 학생이 채팅으로 "알겠어. 그만할게. 미안해"라고 사과했다.

수업 중에 불편한 말을 했던 학생에게 따로 주의를 주지 않았는데도 학생들이 주체적으로 채팅방에 있었던 불편한 상황을 해결했다. 덕분에 상황은 말끔하게 정리되었고 다시 모두가 즐겁게 수업에 참여할 수 있었다. 학생들을 마냥 어린아이로 생각했던 모습을 반성했고 동시에 마음속 깊이 감동이 몰려왔다. 학생들에 대한 믿음과 희망을 볼 수 있었던 시간이었다. 메타버스에서 서로 존중하고 책임지는 문화를 만들면 아이들 사이에서도 이렇게 자정작용이 나타날 것이다.

훈련은 가정에서부터

말이라는 것은 사람의 인품과 인격을 드러내는 도구다. 성에 대해 존중하는 말을 하지 못할망정 비하 발언을 일삼는 사람이 어떻게 메타버스에 적응하고 성숙한 사람이 될 수 있을까? 누군가를 성적인 대상으로 보고 혐오 표현을 하는 것은 아이들에게 정서적으로 악영향을 미친다.

다른 사람을 비하하는 아이들이 나중에 자라서 어떻게 될까? 나로부터 나온 말은 부메랑이 되어 나의 귀와 몸에 다시 스며든다. 무심코 던진 말 한마디에 그 사람의 인격과 품성이 드러난다. 특히 채팅과 음성으로 주로 활동하는 메타버스 안에서는 그 인격이 말과 행동으로 곧바로 드러난다. 아이가 메타버스 게임을 하다 혐오 표현을 한다면 반드시 제재해야 한다. 그냥 내버려두는 건 방임이 될 수 있다.

특히 양육자가 먼저 솔선수범하여 자녀 앞에서 더욱 아름다운 말을 쓰도록 하자. 좋은 말을 쓰는 것도 훈련이다. 그 훈련을 가정에서부터 시작하자. 우리 아이가 메타버스 혐오 문화에 물들지 않도록 성교육을 통해 '건강한 힘'을 길러주자.

5장

메타버스 시대의 성교육

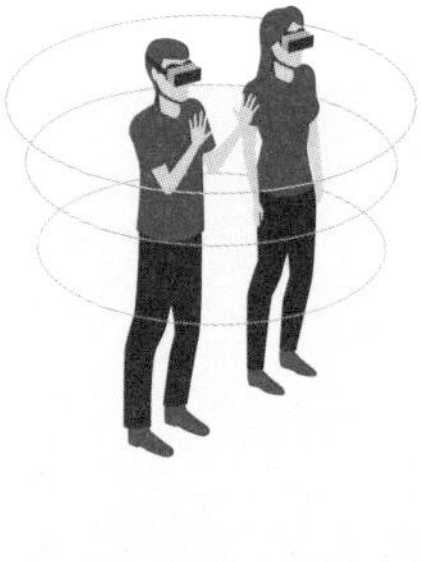

양육자-자녀 간 대화 훈련을 하라

대화라는 것은 정보를 주고받을 단순한 목적으로 사용되기도 하지만, 신뢰를 쌓고 서로를 알아가는 최고의 방법이다. 양육자와 아이 사이에 대화가 얼마나 중요한지는 어떤 주제의 양육자 교육을 들어봐도 충분히 알 수 있을 것이다.

하지만 안타깝게도 성 관련 대화는 아직도 너무 어려운 영역이라고 느낀다. 성과 관련된 대화는 아주 개인적이고 민망한 대화라고 느끼는 경향이 있기 때문에 불편할 수 있다. 그러나 성과 관련된 대화를 양육자와 아이가 충분히 하지 않는다면 메타버스 시대에는 도통 아이가 어떤 성적인 경험을 하는지 알 길이 없다.

그렇기 때문에 아이와 성에 대해 대화하는 것을 먼저 시도해야 한다. 대화를 하면 성에 대해 어떻게 생각하는지 알 수 있게 되고,

자연스럽게 메타버스에서 아이가 어떤 것을 할지 예측할 수 있는 바탕이 된다.

일상적인 대화부터 시작하라

양육자 교육을 하면서 대화의 중요성을 강조하다 보면, 교육받은 그날 집에 가서 아이와 마주앉아 다짜고짜 성에 대한 이야기부터 꺼내는 양육자도 있다. 양육자의 열정은 인정하나, 이런 상황이 생기면 아이 입장에서는 꽤나 당황스럽고 난처하다.

성에 대한 대화는 개인적인 부분도 포함되어 있고 일상의 대화 주제가 아니라고 생각하는 경향이 있기 때문에 대화를 편하게 할 수 있는 분위기나 신뢰가 먼저 깔려 있어야 한다. 그런 분위기와 신뢰를 만들기 위해 평상시에 일상적인 대화의 양부터 늘려가는 것이 필요하다. 예를 들어 평소 아이의 학교생활은 어떤지, 마음 상태는 어떤지, 아이가 관심 있는 것이 무엇인지, 스마트폰이나 컴퓨터로 하는 것 중에 제일 재미있는 게 무엇이고 왜 그게 재밌는지 등 아이와 대화를 나눌 수 있는 주제는 무궁무진하다.

그런데 양육자와 자녀의 일상 대화를 살펴보면 해야 하는 일들에 대한 체크, 조금 더 잘 하라고 하는 잔소리, 생활 속에서 지켜야 하는 생활 규칙 강조 등이 대부분이다. 대화의 양이 적은 상태에서 이런 상황이 반복되면, 아이의 생각과 마음을 충분히 알 수 없을 뿐만 아니라 아이가 양육자와 대화할 마음이 사라질 수도 있다. 그러니 아이가 평소에 관심 있어 하는 것, 에너지를 쓰고 있는 부분, 친구들과의 관계 같은 주제에 대해 편하게 나누는 게 대화의 시작이 되어야 한다.

이런 대화들이 조금씩 쌓이다 보면 양육자가 묻지 않아도 아이가 자신의 이야기를 공유하기 시작하고, 고민이 되거나 갈등이 생겼을 때 양육자의 의견을 묻기도 한다. 남의 집 이야기가 아니다. 조금씩 노력하다 보면 누구나 대화는 가능하고, 이런 대화들이 신뢰를 쌓는 기초공사가 되는 것이다.

성에 대한 주제를 편하게 대하기

아이가 성에 대해 질문하거나 아이와 성에 대해 대화하는 것을 두려워하거나 불편해할 필요가 없다. 그러나 양육자-아이 간 성적 대화가 익숙한 상황은 아니기 때문에 불편함이나 어색함을 느끼는 게 당연한 일일 수 있다. 그렇기 때문에 양육자가 아이와 성에 대해 대화하기 전에 성 관련 대화에 익숙해지는 연습이 필요하다.

일상의 대화처럼 우연히 목격한 커플을 보며 아이의 생각을 묻거나, TV에 나온 스킨십 장면이나 성적 이미지에 대해 대화를 나눠보는 것도 좋다. 메타버스 플랫폼에 대해 질문하거나, 뉴스에 나오는 메타버스 성범죄에 대해 어떻게 생각하는지 툭툭 던지듯 물어보는 것도 충분히 좋은 대화의 시작이 될 수 있다.

아이가 배고프다고 말하는데 왜 그런 말을 하냐고 다그치는 양육자는 없을 것이다. 배고픈데 먹을 거 없냐는 질문처럼 성 관련 질문도 편하게 받아들일 수 있다면, 양육자와 아이의 대화는 무조건 성공할 수밖에 없다. 그러니 성 관련 대화가 편하게 느껴질 수 있도록 조금씩 연습해보자.

메타버스 성교육에서의 대화법

메타버스와 관련된 대화를 하기 위해서는 아이가 평소에 컴퓨터로 뭘 하는지, 스마트폰으로 뭘 하는 게 재미있는지 같은 일상적인 이야기들을 나누면서 아이에 대한 정보를 파악하는 게 필요하다. 시간이 많이 필요하겠지만 급하게 생각할 필요는 없다. 아이가 커가는 과정에서 언제라도 익숙해질 수 있도록 하는 걸 목표로 한다면 반드시 성공할 수 있다.

어느 정도 대화가 자연스러워졌다면, 아이가 메타버스에 대해 가지고 있는 생각과 인식에 대한 이야기를 해보는 게 좋다. 아이가 메타버스 안에서 어떤 이미지를 가지고 어떤 영향력을 끼치고 싶어 하는지 물어보는 것도 좋다. 또한 아이가 메타버스를 어떻게 활용하는 것이 안전하고 건강한 방법인지 스스로 생각할 수 있도록 많은 대화를 해야 한다.

아이의 이야기를 들어주는 것으로 끝나는 게 아니다. 양육자 입장에서 아니라고 생각한다면 양육자의 생각을 이야기하면 된다. 공감하고 경청하되, 서로의 생각이 다른 부분은 솔직하게 이야기하는 것이다. 이렇게 서로의 생각을 주고받다 보면, 양쪽 모두 동의하는 부분이 있고 다르게 생각하는 부분이 있을 것이다. 그럼 그런 관점들을 조율할 수 있는 방향을 함께 찾아보면 된다.

아이들과 대화를 하다 보면 아이들이 넓은 시야를 가지지 못하고 좁은 관점의 주장만 하기도 한다. 그럴 때 "너는 어려서 몰라", "잔소리 말고 아빠(엄마) 말 들어"와 같은 권위적인 태도를 보이지 않아야 한다. 아이들이 어리기 때문에 모른다고 단정짓지 말고 아이들의 시야를 넓혀줄 수 있는 대화를 해야 한다. 대화를 통해 아이들의 시야를 넓혀주는 훈련을 하는 것이다. 조금 더 살아본 양육자의 말이 맞다고 어필하는 게 아니라, 아이가 자신의 생각을 넘어 다시 생각해볼 수 있는 기회들을 줘야 한다. 그 과정에서 세상을 배울 수 있도록 해줘야 하는 것이다.

메타버스 성교육에서 함께 토론하고 이야기 나누는 것은 굉장히 중요하다. 앞서 이야기했듯이, 아이가 직접 말하지 않으면 양육자는 자녀가 메타버스 안에서 어떤 일을 하고 다니는지 알 수가 없다. 메타버스는 더 넓은 세상이고 모두에게 낯선 세상이다. 그렇기 때문에 스마트폰을 감시하고 뒤져본다고 통제할 수 있는 세상이 아니다. 그럴수록 아이들은 더 깊은 메타버스 세상으로 들어가게 될 것이다.

그리고 메타버스를 본인의 호기심을 해소하기 위한 용도로만 사용할 수도 있다. 처음에는 본인의 호기심을 해소하는 용도로 사용하기 때문에 본인이 메타버스를 컨트롤한다고 생각할 수 있지만, 머지않아 아이는 메타버스의 노예가 될 수밖에 없다. 그렇기 때문에 일반적인 성에 대한 내용뿐만 아니라 메타버스와 관련해서 양육자가 아이의 주장을 인정하고 경청하면서 양육자의 주장을 함께 펼쳐나가야 한다. 건강하게 메타버스를 활용하고 즐길 수 있는 방법을 아이가 찾아가도록 지금부터 대화를 해보자.

지혜를 가르치는 하브루타 성교육

교육이라는 것은 세상을 바꾸는 데 굉장히 중요한 역할을 한다. 시대가 바뀌면 그 시대에 맞는 인재상이 필요하고, 그런 인재상을 만들기 위해서는 교육이 바뀌어야 한다. 시대가 바뀌면 그 시대에 맞게 교육의 목적과 방향을 세팅해야 하고 시대에 맞는 교육을 아이들에게 제공하는 게 사회와 어른들의 역할인 것이다.

성교육도 마찬가지다. 시대에 뒤떨어진 성교육을 제공하는 것이 아니라, 세상이 변했으면 변한 세상에 맞춰 아이들에게 필요한 성교육을 제공해야 한다. 그리하기 위해서 사회와 가정은 시대를 이해하고 아이들이 경험하게 될 세상을 예측할 수 있어야 한다.

인공지능과 경쟁하지 마라

몇 년 전 이세돌과 알파고의 바둑 대결이 큰 이슈가 된 적이 있다. '인간이 로봇을 이길 수 있을까?' 하는 호기심에서 시작된 대결이었는데 결국 인간의 패배로 대국은 끝났다. 앞으로 인간이 인공지능을 이기지 못하는 분야는 점점 많아질 것이다. 그러나 그게 중요하지는 않다. 결국 인공지능은 인간이 만든 것이기 때문이다. 인공지능이 인간보다 뛰어난지보다는 인간이 얼마나 인공지능을 잘 활용할 수 있는지가 더 중요한 포인트이기 때문에 그 부분을 고민해야 하는 것이다.

인공지능이 생기기 전까지 우리 사회의 교육은 책에 있는 내용을 열심히 보고 잘 기억하는 사람의 승리였다. 책에 나오는 내용을 얼마나 기억하고 섭렵하느냐에 따라서 시험 성적이 나눠졌고 삶의 수준이 달라졌다. 그래서 얼마나 교과서를 잘 파악하고 있는지 평가하는 수능에 목숨을 걸었다. 그 시험 한 번으로 인생이 바뀔 수 있다는 희망을 가지고 '학업'이 가장 중요한 세상을 살았다.

지금은 어떤가? 시험 문제의 정답, 교과서에 나오는 지식은 이제 인공지능이 얼마든지 제공해줄 수 있다. 그렇다면 우리 아이들은 무엇을 배워야 할까? 인공지능보다 더 많은 지식을 외우려 노력하는 것이 아니라, 인공지능이 제공하는 지식들을 어떻게 활용해야 하는지 알아야 한다. 그리고 인공지능이 제공하지 않는 문제의 정답을 찾아가고 고민하는 힘을 가질 수 있도록 아이들을 훈련시켜야 한다.

생각하는 힘과 주도성을 키우는 하브루타 교육

이렇게 시대가 변할수록 단편적 지식 습득을 버리고 사고력을 키워야 한다. 무엇을 볼 때 비판적으로 사고할 수 있는 능력은 아이들이 살아가는 세상에 그리고 메타버스 시대에 무엇보다 중요한 능력이 된다. 그렇기 때문에 이런 사고력을 키워줄 수 있는 교육이 필요하다.

단순한 지식 교육이 아니라 사고력은 어릴 때부터 훈련시키는 게 좋다. 성교육도 조기교육이 필요하다는 뜻이다. 일찍 성교육을 해주라고 말하면 "아이들이 너무 어린데 성교육을 해주면 오히려 자극되지 않을까요?"라는 질문을 정말 많이 받는다. 그런데 조기교육은 단편적인 지식을 주입하는 교육이 아니다. 아이의 뇌 발달에 맞는, 생각하는 힘을 길러주는 훈련이 필요하다는 뜻이다. 비판적 사고력을 키워줄 수 있는 성교육은 어릴 때부터 필요하고, 스스로 생각하고 의문을 품고 정답을 찾고 해결해나가도록 하는 자존감과 주도성은 '성'에서 매우 중요한 부분이다.

급변하는 시대가 왔고 아이들이 살아가야 할 세상은 완전히 바뀌고 있다. 그 안에서 인권의 중요성은 더욱 대두되지만 아이들이 경험하는 성 관련 문제는 훨씬 더 심각해지고 있다. 이런 상황에서 아이들이 살아가야 할 세상이 더 안전하고 건강해질 수 있는 방법은 없을지에 대해 자주스쿨은 끊임없이 고민했다. 그 답은 성교육에 있었다. 그리고 기존 성교육을 넘어서는 대안이 있어야 했는데 여러 방법 중 하나를 하브루타와 접목시켰다.

메타버스 시대에서 성폭력을 예방하기 위해서는 맥락적 사고를 해야 한다. 메타버스 안의 내용을 외우는 게 아니라 인성, 소통, 공감, 주도성을 갖게 하는 것이 무엇보다 중요하다. 과한 디지털 기기 사용으로 사고가 멈춰가는 우리 아이들에게 뇌 사용을 자극하는 하브루타 성교육은 피할 수 없는 교육법이라고 확신한다.

성에 관해 대화할 때 하브루타를 활용하라

전 세계의 1%도 안 되는 유대인이 노벨상 수상자의 20% 이상을 차지한다. 또 세계 명문 대학에는 유대인이 큰 비율을 차지한다. 이런 유대인들이 어릴 때부터 하는 공부법이 있는데 그 공부법을 '하브루타'라고 한다. 하브루타는 두 명씩 짝을 지어 어떤 내용에 대해 자기의 생각을 말하며 토론을 하는 방식이다. 자신의 주장만 펼치는 것이 아니라, 상대방의 이야기를 들어보면서 배워나가는 방법이다. 말하기 스킬과 경청 스킬이 모두 필요한 공부법이다. 이 공부법을 통해 자신의 생각을 말하면서 정리가 되고 상대방의 주장을 들으며 새로운 관점을 배우게 된다.

성교육에서도 하브루타 교육을 접목해야 한다. 성에 대한 대화를 할 때, 아이에게 일방적으로 뭔가를 하면 안 된다고 억압하는 일방적 대화나 꼬치꼬치 캐묻는 듯한 느낌이 드는 대화는 불편한 방향으로 갈 수 있다. "너는 어떻게 생각해?"라는 질문을 습관처럼 하는 양육자의 태도는 자녀와 성 관련 대화를 이어나갈 수 있는 중요한 스킬이다. 다음 예시를 살펴보자.

예시 1

아이: “엄마(또는 아빠), 제페토 해도 돼요?”

양육자: “제페토 그런 거 하면 나쁜 사람들도 많고 위험해질 수 있어. 하지 마.”

아이: “내 친구들도 다 하는데 한 번만 들어가보면 안 돼요?”

양육자: “하지 말라고 했어. 위험하니까 하지 말라는 거야. 그런 건 안 하는 게 좋아.”

아이: “하……. 네…….”

예시 2

아이: “엄마(또는 아빠), 제페토 해도 돼요?”

양육자: “제페토에 대해 설명해줄 수 있어? 어떻게 하는 거야?”

아이: “제페토는 아바타 만들어서 꾸미고 사람들 사귀는 거예요.”

양육자: “아바타를 만들어서 꾸미고 사람들과 사귀면 어떤 점이 좋을까? 혹시 위험하거나 조심해야 하는 것도 있을까?”

아이: “아, 그러고 보니 학교에서 디지털 성폭력 예방 교육 때 들은 거 같기도 해요.”

양육자: “그럼 네가 그걸 하게 된다면 어떤 점을 조심해야 하는 걸까?”

아이: “개인정보 요청하거나 그루밍 뭐 이런 것도 있다고 들었는데 그럴 때는 신고하거나 엄마 아빠한테 말하래요. 근데 그

런 사람들은 왜 그러는 거예요?"

'예시 1'은 주도권을 양육자가 쥐고 있고 아이는 받아들일 수밖에 없는 상황이다. 단순히 엄마 아빠가 못하게 해서 안 하게 되는 것이다. 성교육에서 이런 권위적인 태도는 오래 가지 못한다. 나중에는 아이가 양육자의 지시를 따르지 않게 되거나 몰래 하게 된다. '예시 2'는 하고 말고의 대답이 아니라 왜 해야 하는지, 그걸 했을 때 좋은 점과 조심해야 하는 점이 뭔지 스스로 생각할 수 있도록 계속 질문한다. 아이가 대답하고 새로운 질문을 만들어내면서 아이는 스스로 사고하고 정리한다. 그러면서 스스로의 기준을 설정하고 지키려고 노력한다. 이렇게 스스로 사고할 수 있는 힘을 길러주는 것, 그 사고를 바탕으로 기준을 정하고 판단하는 능력을 키우는 것이 하브루타 성교육의 효과다.

어른이, 그것도 아이들에게 엄청난 영향력과 권위를 가지고 있는 양육자가 본인의 생각을 먼저 말한다면 아이들은 자신 있게 자기 생각을 말하지 못하게 될 가능성이 높다. 우리나라 정서상 어른이 이야기할 때 아무 말도 안 하면 대답 안 한다고 혼나고, 어른이 이야기하는 것에 대해 자신의 생각을 이야기하면 말대꾸한다고 혼난다. 그러니 아이들 입장에서는 이러나저러나 좋은 소리는 못 듣는다고 생각할 수 있다. 이렇게 대화가 안 되고 대화나 토론 자체에 대한 신뢰가 없다면, 어른들과 대화하고 깊이 토론하면서 세상을 배워나갈 수 있는 기회를 가지기가 좀처럼 어렵다.

모든 주제가 그렇지만, 특히 성과 관련해서는 대화가 끊기지 않고 이어져야 아이의 깊은 생각과 마음을 알아차릴 수 있다. 아이의 생각을 통해 아이에 관한 정보를 수집하고 아이의 성 행동 가능성을 예측할 수 있는 근거 자료를 마련해야 한다. 또한 성과 관련해서는 아이와 함께 양육자의 생각을 이야기하며 서로의 타협점을 찾아가고 아이가 다른 관점의 생각을 할 수 있도록 하는 것이 아주 중요하다. 물리적인 억압이나 일방적인 금지 수칙을 나열하는 것이 아니라, 함께 토론하고 대화하는 하브루타 성교육을 통해 성에 대한 아이의 관점을 바꿔주고 넓혀주는 게 훨씬 더 효과적인 방법이다.

하브루타 성교육은 교육법이 아니라 문화를 만드는 것이다. 자녀가 양육자의 생각에 따르도록 하기보다, 선택할 범위를 제시해주고 자녀가 결정하고 책임지는 연습을 하도록 도와줘야 한다. 하브루타 성교육은 지식뿐만 아니라 지혜를 가르치는 것이다.

생각하는 힘을 길러주는 메타인지 성교육

앞서 4장에서 성 메타인지에 대해 알아보았는데, 성 메타인지는 마치 우리를 비추는 '거울'과도 같다. 거울로 나를 비춰보는 것처럼 성 메타인지는 자신의 성에 대한 가치관, 감수성, 태도를 바라보고 건강하게 성찰할 수 있게 한다.

만약 자신이 성에 관해 부정적이고 불편한 태도를 가지고 있다면, 자연스럽고 긍정적인 태도를 가질 수 있도록 훈련할 필요가 있다. 이 과정이 있어야 상대를 이해하고 존중할 수 있다.

메타버스 시대에는 기본적인 성 지식뿐만 아니라 성 메타인지 능력 또한 반드시 갖춰야 한다. 이 성 메타인지를 기르기 위해서는 '메타인지 성교육'이 필요하다. 메타인지 성교육이란 성에 관해 올바르게 분별하고 주체적으로 판단하는 능력을 길러주는 교육이다. 성에 관한 가치관과 생각이 잘 정립되어야 타인에게 물들지 않고 주도적으로 나아갈 수 있다.

메타인지 성교육은 메타버스 안에서 자신을 스스로 돌아보고 분석하는 훈련을 통해, 자신뿐만 아니라 상대를 이해하고 존중하는 방법을 안내한다. 이 교육을 통해 성 메타인지라는 분별력을 정교하게 키울 수 있다. 여기에는 핵심 전략 두 가지가 있다.

메타인지 성교육의 핵심 전략 '모니터링'과 '컨트롤링'

메타인지 성교육을 시작하면서 수반되어야 할 과정은 바로 '모니터링'과 '컨트롤링'이다. 《메타인지 학습법》(21세기북스, 2019)의 저자이자 컬럼비아대학교 바너드칼리지 심리학과 교수인 리사 손(Lisa Son) 교수는 메타인지 전략의 핵심으로 이 두 가지에 대해 이야기한다.

모니터링은 스스로 평가하는 전략이다. 모니터링은 자신이 가지고 있는 지식의 질과 양에 대한 평가를 스스로 하는 과정이다. 우리는 앞서 3장에서 스스로 성에 대해 얼마나 알고 있는지 자세히 점검하고 평가했다. '컨트롤링'은 모니터링을 기반으로 학습 방향을 설정하고 실천하는 과정이다. 앞서 성에 대해 점검한 것을 토대로 앞으로 어떻게 성에 대해 학습해갈지 정해야 한다.

예를 들어 '3장 양육자의 성 태도 점검하기'에 있는 '성의식 체크리스트'에서 낮은 점수가 나오면 부정적인 성 태도를 가지고 있다는 뜻(모니터링)이다. 아이와 성에 관해 친밀히 소통하기 위해서는 양육자의 성 태도가 건강하고 긍정적이어야 한다. 따라서 성교육 강의를 듣거나 책을 보고 대화하는 훈련(컨트롤링)을 통해 건강한 성 인식을 갖도록 노력해야 한다.

리사 손 교수는 "성공적인 학습을 위해서는 모니터링과 컨트롤링이라는 두 가지 과정이 제대로 작동해야 한다. 이 둘 중 하나라도 제대로 기능하지 못한다면 학습은 실패할 가능성이 크다"라고 했다. 메타인지 성교육이 성공하기 위해서도 마찬가지다. 특히 모니터링을 대충하거나 문제가 생기면 컨트롤링도 잘하지 못한다. 앞서 살펴본 3장에 나오는 체크리스트 내용을 꼼꼼히 점검하며 자신의 성 가치관을 거울로 찬찬히 비춰보자. 그에 따라 컨트롤 전략을 세우고 실천하면 된다.

메타인지 성교육의 놀라운 효과

메타인지 성교육에서는 끊임없이 생각하며 질문을 던지게 한다. "메타버스에서 만나는 사람이 현실 세계의 친구처럼 괜찮을까?", "메타버스에서 선물을 주겠다며 다가오는 사람에게는 어떻게 행동해야 할까?", "아바타나 인공지능이라고 해서 아무 생각 없이 성에 관한 대화나 행동을 해도 되는 것일까?", "메타버스에서의 정서적 교류와 충격이 현실에는 어떤 영향을 미칠까?"

이런 끊임없는 질문을 통해 아이들이 스스로 생각해보고 신중히 행동하도록 돕는다. 실제로 내 성교육을 들었던 한 중학생은 메타버스에서 생긴 문제를 주도적으로 해결했다.

메타버스 게임 중 한 아바타가 계속 여성 아바타를 따라다니며 성희롱을 했다. 성희롱을 당한 여성 아바타는 무서워서 게임을 나갔고 그 가해자 아바타는 다른 아바타들에게까지 성희롱을 했다. 보다 못한 이 학생이 용기를 내어 그 현장을 캡처하고 증거를 잡아 직접 게임 플랫폼에 신고했다. 그 후 가해자 아바타는 활동이 중지되었다.

그 아이는 자기가 겪었던 일을 빠짐없이 수업 시간에 이야기했다. "친구들이 위험에 처하면 도와주지 못할망정 방관자가 되어서는 안 된다는 선생님의 말씀이 떠올랐어요. 저도 여기에서 즐겁고 자유롭게 활동하고 싶어 번거롭긴 했지만 신고했습니다. 엄마도 그냥 지켜보지 않고 신고했다며 잘했다고 칭찬했어요."

처음에는 두렵기도 했지만, 가만히 지켜보고 있을 수는 없었다고 했다. 아이는 아바타 성범죄에 대해 정확히 파악하고 자기가 할 수 있는 선에서 용기를 가지고 신고했다. 익명성은 때론 위험할 수도 있지만, 메타버스 세계에서는 용기를 내어 해결할 힘을 주기도 한다. 무엇보다 문제를 파악하고 신고하는 동안 곁에서 양육자가 든든한 힘이 되어주었다.

이처럼 메타인지 성교육은 아이들이 메타버스 세상에서 주인의식을 갖고 주도적으로 문제를 해결하는 힘을 길러준다. 성 메타인지는 성폭력 예방을 넘어 아이들이 건강한 성인지 능력을 기르는 데에도 도움이 된다. 자기를 돌아보고 타인을 존중하는 내면의 힘을 길러주기 때문이다. 높은 성 메타인지 능력은 성에 관해 주도적 삶을 살게 하고 지혜와 책임감을 가질 수 있도록 할 것이다.

직접 말하고 실천해야 메타인지 성교육이다

메타인지 성교육의 핵심은 '직접 말하고 실천'하는 것이다. '말하고 실천할 때 비로소 아는 것'이기 때문이다. 단순히 배웠지만, 누군가에게 설명하거나 실천할 수 없다면 아직은 모르는 지식이다. 앞서 양육자-아이 간 의사소통으로 대화가 편해지고, 하브루타 성교육으로 단단한 토론과 사고의 힘을 길렀다면, 메타인지 성교육을 통해서 직접 아이에게 가르치고 피드백을 받아보자. 배운 내용을 아이에게 직접 가르치면 자신이 학습한 것을 정리할 수 있고 그걸 어떻게 연결할지 깊이 생각하게 된다. 그리고 직접 메타버스에 참여해 아이들에게 성교육을 해보자. 처음에 어떻게 할지 잘 모른다면 메타버스 아바타를 통해 '서로 존중하며 말하는 법'부터 시작하는 것도 좋은 방법이다.

경기도에서 네 자녀를 키우고 있는 한 엄마가 있다. 이 분은 내 강의만 다섯 번 넘게 들었고 내가 이전에 출간한 책까지 구매해 꼼꼼하게 읽었다고 했다. 게다가 배웠던 걸 바탕으로 연습해 아이들에게 직접 성교육을 했다.

처음에는 약간 서툴렀지만, 생활 속에서 성기 명칭을 올바르게 말하는 것부터 시작해 경계존중교육을 시작했다. 궁금하거나 알고 싶은 게 있다면 질문을 정리해 나에게 물어보는 열정적인 분이었다. 중학생인 첫째와 둘째에게는 엄마한테 배운 걸 직접 초등학생 동생에게 알려주라고 훈련했다. 어느 날 중학생 언니와 초등학생 동생이 '제페토'를 하고 있었다. 초등학생 아이에게 이상한 사람이 계속 치근덕거리자 언니가 "얘 언니인데 당신 누구세요? 다가오지 마세요!"라고 말하며 경고했다. 그 당시 모르는 사람과 어느 정도 경계를 두고 조심하라는 엄마의 말이 떠올랐다고 한다. 양육자의 배움과 가르침이 아이들끼리도 전달된 것이다.

이렇듯 메타버스 성교육을 통해 성 메타인지를 기른 아이들은 현실에서나 메타버스에서나 분별력이 생겨 안전하게 활동한다. 위에서 볼 수 있듯이 성 메타인지를 키울 수 있는 가장 효과적인 방법은 '아이에게 말하고 직접 가르쳐보는 것'이다.

《메타인지 공부법》(서상훈·유현심 공저, 성안북스, 2019)에서는 "이제 열심히 오래 공부하는 것도 중요하지만 똑똑하고 효율적인 공부를 할 때입니다. 그리고 그 책임을 아이들에게 떠넘길 것이 아니라 어른들이 함께 고민해야 합니다"라고 했다. 똑똑하고 효율적인 성교육을 위해서는 양육자, 즉 우리 어른들이 함께 고민하고 책임을 져야 한다. 그래야 우리 아이들이 메타버스 세상에서 자신의 삶을 주도적으로 살 수 있기 때문이다.

자주스쿨은 메타인지 성교육을 통해 양육자뿐만 아니라 아이들도 성을 올바르게 알고 소통할 수 있도록 안내하고 있다. 또한 양육자가 코칭 역할을 잘 할 수 있도록 먼저 메타버스와 성문화에 대해 공부하며 이끌고 있다. 이제 메타인지 성교육을 통해 아이를 안전한 방향으로 이끄는 성교육 코치가 되어보자.

아이들과 아바타로 만난다, 메타버스 성교육

메타버스 시대가 왔으면 그 시대에 맞는 성교육이 필요하다. 성인지 감수성 훈련, 미디어 리터러시 교육 같은 기본 교육도 중요하지만, 메타버스를 활용한 성교육이 진짜 피부에 와닿는 성교육이라고 할 수 있다.

자주스쿨에서는 아이들과 양육자뿐만 아니라 교사나 전문가들에게 메타버스 성교육을 제공하고 있다. 다양한 메타버스 기술과 플랫폼을 활용한 성교육을 통해 메타버스의 순기능을 경험하도록 안내한다. 안전한 메타버스 환경을 만드는 데 일조할 수 있도록 메타버스 성교육을 개발하고 진행하게 되었다.

교육이 가능한, 다양한 메타버스 플랫폼

게임을 제외하고 보편적으로 많이 사용하는 메타버스는 줌, 제페토, 이프랜드 등이 있다. 각각의 플랫폼은 장단점이 있는데, 성교육에 적용할 수 있는 부분도 각 프로그램마다 다르다.

줌은 코로나19 팬데믹 이후 급부상했다. 호스트가 회의실을 만들고 링크를 공유하면 다른 사람들이 참여하고 교육이 진행되는데, 화면 공유나 파일 공유가 유용하고 채팅 활용도 자유롭다. 비디오와 마이크 사용도 컨트롤이 가능하며, 줌 사용자가 늘면서 가상배경과 이모티콘도 개발되어 활용도가 높아졌다. 줌은 대면보다는 옷차림을 신경쓰지 않아도 되고 이동 시간도 소요되지 않는다는 장점이 있다. 하지만 아무래도 비디오를 사용하다 보니 외모 정돈을 전혀 안 할 수는 없는 부분이다.

제페토는 아바타를 꾸미고 활동하며 소통하는 메타버스다. 화면 공유가 되지 않아 강의안을 보여주며 하는 강연보다 토크나 토론 형식으로 진행되는 강의에 적합하다. 아바타로 참여하기 때문에 참여자의 부담이 적을 수 있으나, 실제 얼굴을 보는 게 아니기 때문에 분위기를 자연스럽게 형성하는 게 쉽지 않고 정확한 대상을 파악하기 어렵다는 단점이 있다.

이프랜드는 줌과 제페토의 중간쯤이라고 보면 된다. 아바타를 꾸미고 소통하지만, 화면과 소리 공유도 가능하기 때문에 강의안을 보여주면서 하는 교육이 가능하다. 아바타들이 참여하는 것은 제페토와 비슷하지만 비공개 링크를 통해 사전에 확인된 참여자만 참여하도록 만들 수 있다. 목소리 전달도 깔끔하게 잘되는 편이고 전반적으로 사용 방법이 간단해 편하게 활용할 수 있는 장점이 있다.

메타버스 성교육 실제 활용 사례(이프랜드)

얼마 전, 이프랜드에서 아이들에게 디지털 성폭력 예방 교육을 진행했다. 현실뿐만 아니라 메타버스에서 일어날 성범죄에 대한 위험성과 대처 방법을 실제 메타버스 안에서 알려준 것이다.

준비하는 과정에서 처음에는 걱정되고 막막한 마음이 있었다. '어떤 곳에서도 제대로 해보지 않은 메타버스 성교육을 할 수 있을까?', '아바타 뒤에 숨어 있는 아이들이 적극적으로 참여할까?', '아바타가 전달한다는 생각에 성교육이 다소 가볍게 느껴지지는 않을까?'

원활하고 효과적인 성교육을 위해 기관 강사 모두가 전문가를 초청해 이프랜드 강의를 수강했다. 강의장 고르기, 아바타 꾸미기, 강의안 공유, 동선 체크, 채팅 관리까지 철저히 연습하고 준비했다. 강의 전날에는 미리 아이들과 사전 연습까지 진행했다.

그리고 본격적으로 이프랜드에서 성교육을 했다. 진행해본 결과 우리의 걱정은 정말 쓸데없는 걱정이었다. 생각보다 아이들은 잘 적응했고, 아바타라는 보호막이 있기 때문에 대면 교육보다 훨씬 더 적극적으로 교육에 참여하고 의견을 말했다. 방에 들어오자

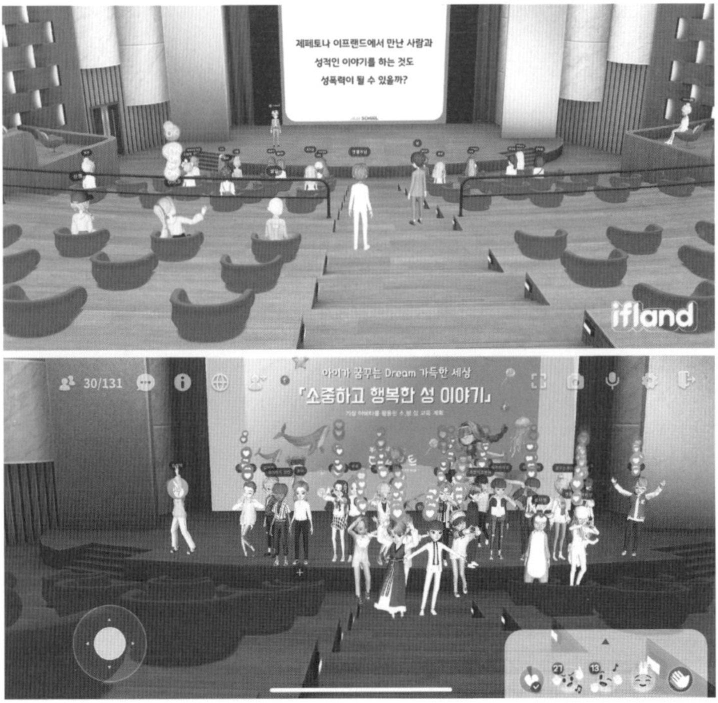

메타버스 플랫폼 '이프랜드'에서 진행한 메타버스 성교육

마자 알아서 의자에 앉았고, 이모티콘을 사용해야 할 때, 마이크에 대고 말해야 할 때, 채팅에 남겨야 할 때를 잘 구분하고 사용했다. 메타버스 안에서 아이들 스스로 질서정연하게 참여하고 대답했다. 처음 들어왔는데도 불구하고 이프랜드 메타버스 세상에 빠르게 적응하고 강의를 잘 들었다.

메타버스 성교육을 준비하고 진행하며 '왜 우리 아이들은 메타버스를 제대로 활용하지 못하고 문제 상황에 노출될 수밖에 없었을까?' 하는 생각이 들었다. 아이들이 성 관련 문제에 빠지는 이유는 명확하다. 성을 어떻게 활용하고 컨트롤해야 하는지 그 누구도 알려주지 않았기 때문이다. 메타버스도 마찬가지다. 메타버스 안에서 아이들이 자꾸 성 문제에 빠지는 이유는 메타버스를 어떻게 사용해야 하는지 어른들이 알려주지 않았기 때문이다.

메타버스의 올바른 사용 방법을 안내하고 성 관련 문제를 일으키지 않도록 하는 가장 좋은 방법은 무엇일까? 실제 메타버스 안에서 교육을 하며 경험하도록 하는 것이 가장 효과적인 방법이다. 직접 메타버스에서 성교육을 진행해보니 나 또한 아이들의 변화와 성장을 직접 눈으로 또렷하게 보았다.

메타버스 성교육 프로그램

메타버스 시대가 오면서 관련 교육이 넘쳐나는데 과학 기술이나 경제 관련 교육이 압도적으로 많다. 그러나 메타버스 기술을 배우기 전에 메타버스 안에서의 인권, 메타버스가 인간에게 미칠 영향, 스스로 조절할 수 있는 능력 같은 것이 우선적으로 교육되어야 한다. 그 후에 다양한 교육들이 메타버스 안에서 이루어진다면, 아이들은 메타버스를 좋은 방향으로 활용하는 법을 익히게 되는 것이다.

현재 메타버스 성교육을 제대로 하는 기관은 세계 어디에도 없다. 메타버스를 활용한 성교육을 통해 메타버스 안에서도 현실 세계처럼 타인에게 피해를 주지 않고 서로의 경계선을 존중하도록 훈련해야 한다. 아바타 간 거리 유지나 존중을 어떻게 해야 하는지 알려주기 위해 실제로 아바타를 가지고 메타버스 안에서 놀고 대화하고 토론해야 한다. 무엇보다 메타버스 안에서 건강한 성문화를 만들기 위해 서로 어떤 부분을 조심하고 노력해야 하는지 직접 피부에 와닿는 경험식 교육이 필요하다.

이런 맥락에서 정부, 기업, 기관 등 사회가 연계해 메타버스를 활용한 다양한 성교육을 연구하고 진행해야 한다. 자주스쿨도 이 메타버스 성교육을 통해 아이들이 즐겁고 안전하게 활동할 수 있도록 더 체계적인 프로그램과 교육을 제공할 것이다.

최악의 상황을 피하는 방법

현재 우리 사회에 디지털 성폭력이 얼마나 심각한지는 뉴스만 봐도 알 수 있다. 아이들을 키우는 양육자들 사이에서는 동네마다 "몇 학년 애들이 뭘 했대", "몇 학년 애들이 어디서 어떻게 뭘 돌려서 봤대" 같은 이야기들이 많이 공유되고 있다. 동시에 우리 아이에게는 그런 일이 일어나지 않기를 바라면서 불안해한다. 디지털 성폭력이든 메타버스 성폭력이든 안 일어나는 게 가장 좋은 상황이겠지만, 사회 구조가 바뀌지 않으면 폭력을 완전히 없앤다는 것은 불가능한 일이다.

유토피아적인 세상을 만드는 것은 불가능에 가깝다는 것을 우리 모두가 알고 있다. 그러나 다 함께 최선을 다해 애쓴다면 아이들이 살아가기에 조금 더 건강하고 안전한 사회를 만들 수 있다는 것은 확신한다. 그리고 혹시라도 아이들에게 무슨 일이 일어났다면 최악의 방향으로 가는 것은 막을 수 있어야 한다. 혹여 메타버스 안에서 성폭력이 일어난다면, 적어도 양육자가 아이를 최악의 방향으로 몰고 가는 일은 없어야 한다는 것이다.

가해·피해 상황이 발생하지 않도록

가해 상황이 발생하지 않도록 아이가 어릴 때부터 습관을 만드는 게 중요하다. 앞서 언급했던 기본 성교육을 발달 과정에 맞춰서 철저히 시키고, 성인지 감수성과 인권 감수성을 길러주는 것도 반드시 필요하다. 미디어에 대한 민감성과 스스로 주인이 되어 통제할 수 있는 주체성을 가지게 하는 것도 동반되어야 한다. 경계 존중에 대한 개념, 혐오하지 않는 태도를 가질 수 있게 해주고, 무엇보다 양육자가 메타버스에 대해 공부하고 아이와 대화할 수 있어야 한다. 메타버스의 장단점을 아이와 하브루타 방식으로 토론할 수 있어야 하며, 아이의 관점을 넓혀주어야 한다.

피해 상황에 대해서 '피해 상황이 발생하지 않도록 하려면'이라는 말로 설명하자니, 이러한 현실에 내심 아이들에게 미안해진다. 아이들은 순수하게 메타버스 안의 관계와 상황들을 믿고 다른 아바타와 사람을 진심으로 대한다. 그 사람들이 하는 거짓말을 진짜라고 믿은 것뿐인데 그런 아이들의 마음은 너무 쉽게 피해 타깃이 된다. 그렇기 때문에 메타버스 안에서 만나는 사람들을 무조건 믿지는 말라고 알려줘야 한다. 그 사람들의 프로필, 그 사람들이 말해주는 개인정보나 칭찬하는 말들은 얼마든지 거짓일 수 있다는 것을 인지시켜줘야 한다. 이런 설명을 해줘야 하는 세상이라는 게 너무나도 가슴 아프다. 하지만 신호 잘 보고 길을 건너야 한다고 이야기하는 것처럼, 아이들이 보지 못하는 부분을 알려줄 필요는 있다. 또 하나, 절대 온라인에서 만난 사람에게 개인정보를 제공하지 말라고 알려줘야 한다. 작은 아이템 하나, 상대방의 기분 좋은 말 한마디에 아이들은 마음을 열고 개인정보를 스스로 제공하는 경우가 있다. 좋은 어른이나 믿을 수 있는 친구는 온라인에서 절대 개인정보를 요구하지 않는다는 것을 아이들이 생각할 수 있도록 해줘야 한다.

피해를 당해도 말하지 못하는 아이들

디지털 성폭력, 메타버스 성폭력 피해를 당했을 때 피해 사실을 인지하지 못하는 아동·청소년들이 너무나도 많다. 성적 대화나 농담들을 친밀감의 표현이라고 여기거나 상대방이 성적 표현을 하는 게 본인을 칭찬하는 것이라고 착각하는 경우도 있다. 어떤 경우에는 본인도 동참했다는 생각에 숨기거나 대화 기록을 삭제하는 경우도 있다.

정말 많은 사건들이 일어나지만, 아이들이 스스로 도움을 요청하는 경우보다는 양육자가 아이의 컴퓨터나 스마트폰을 보다가 발견하는 경우가 훨씬 많다. 얼마 전에 초등학교 고학년인 아이가 메타버스인 제페토에서 아이템을 받기 위해 몸 사진을 찍어서 보낸 정황을 포착하고 상담을 요청한 양육자가 있었다. 그리고 메타버스 안에서 성적인 대화를 주고받은 내용을 아이의 스마트폰에서 발견하고 상담 요청을 하신 분도 있었다.

아이의 컴퓨터나 스마트폰을 몰래 뒤져보다가 발견한 경우에는 아이에게 어떻게 그 사실을 알게 됐다고 말해야 할지 모르겠다는 게 양육자의 첫 고민거리가 된다. 만약 이 사실을 아이에게 알린다고 해도, 아이가 먼저 도움을 요청한 게 아니기 때문에 아이는 본인이 엄청나게 잘못했다는 생각에 자책하게 된다. 그리고 곧 엄마, 아빠한테 혼날 거라는 불안을 느끼면서 죄책감을 가지기 쉽다. 동시에 엄마나 아빠가 자기 폰을 뒤져봤다는 것에 대한 분노나 불쾌감도 느끼게 된다.

메타버스 안에서는 많은 일들이 일어난다. 그리고 실제가 아니기 때문에 괜찮다고 생각하고 넘어가거나, 본인이 누군지 알 수 없는 곳이라고 생각해서 가끔 위험한 행동을 하기도 한다. 이럴 때 피해를 당한 아이는 아무 잘못이 없다. 현실과 분리된 가상 세계라고 생각할 수 있기 때문에 '아이 입장에서 그럴 수도 있었겠다'라고 생각하는 힘이 필요하다. 양육자가 속상한 마음에 아이를 혼내거나 다그치는 경우가 있는데, 현실과 분리된 가상 세계라고 인식될 수 있는 메타버스의 성질을 이해하고 아이와의 대화를 준비해야 한다.

양육자가 모든 문제를 해결할 수 없다

아이가 메타버스 성폭력을 당했다면 양육자로서 심장이 철렁하고 가슴이 무너지는 심정일 것이다. 아이는 뭔지도 모르고 한 행동일 수 있지만, 양육자는 아이보다 더 놀라고 막막한 기분일 수 있다. 그러다 보니 양육자가 놀란 마음에 아이를 다그치거나, 피해 사실을 남들 모르게 숨기려고 하면서 아이가 죄책감을 갖게 되는 경우도 많다. 이런 경우는 '가족에 의한 2차 가해'가 될 수 있다. 비록 당장은 모르지만 많은 아이들이 조금 더 자랐을 때 '가족에 의한 2차 가해'를 인식하고 트라우마를 갖게 되는 경우가 많다.

사실 메타버스 성폭력에 대한 정확한 법이 만들어지지 않은 현재 상황에서 전문가들도 어떻게 대처해야 하는지에 대해 고민이 많다. 전문가들도 그런 상황이니 양육자가 어떻게 대처해야 할지 모르겠고 막막한 마음이 드는 것은 당연하다. 실제로 메타버스 성폭력의 기준이 모호하고, 메타버스 플랫폼이 다른 나라 회사거나 가해자가 해외에 있는 경우가 많아 우리나라 관련법으로 처벌할 수 없는 경우도 있다. 또, 아바타 간의 성행위나 성추행은 사람 간의 성폭력으로 간주하지 않는 것이 지금까지의 법적 관점이기 때문에 관련법이 미비한 것이 현실이다.

아직 관련법이 확실하게 만들어지지 않았고 국가 간에 메타버스 성폭력과 관련해서 합의된 바가 없기 때문에 개인이 대처하기가 너무 어렵다. 혹시라도 아이가 메타버스 성폭력을 당했다면 양육자가 모든 문제를 해결할 수 없다는 것을 빨리 인정하고 전문 기관에 도움을 요청하는 게 좋다. 전문 기관에서 대처할 수 있는 관련법을 찾아보고 증거를 확보하는 등 필요한 과정들을 함께 해주고 안내해줄 수 있기 때문이다. 직접적인 관련법은 없더라도 다른 관련법을 연결지어 대처할 수 있는 방안도 전문가와 함께 검토해봐야 한다.

메타버스가 우리 일상에 비중 있게 자리잡는 만큼, 성교육 기관, 아동·청소년 보호 기관, 메타버스 관련 기관, 국가에서 피해자를 지원해주기 위해 시스템을 마련하고 있으니, 양육자 선에서 해결하기보다는 도움을 요청하길 바란다. 메타버스 성폭력의 경우 양육자도 도움이 간절히 필요하다.

도움을 받을 수 있는 기관

- 여성긴급전화: 1366
- 청소년 상담전화: 1388
- 지역별 청소년 성문화센터
- 탁틴내일: 아동·청소년성폭력상담소(02-3141-6191)
- 디지털성범죄피해자지원센터: d4u.stop.or.kr / 02-735-8994
- 한국사이버성폭력대응센터: www.cyber-lion.com
- 카카오톡 여성폭력 사이버 상담: www.women1366.kr

메타버스, 순응보다 '적응'하라

어떻게 하면 양육자가 자연스럽게 메타버스 세상에서 아이들과 어울릴 수 있을까? 나는 성교육 강의 때 메타버스에 순응하는 것을 넘어 '적응'하라고 강조한다. 단순히 메타버스 세상에 순응해서는 아이들의 울트라 5G 속도를 따라잡을 수가 없기 때문이다.

아직 아이들은 어리고 불완전하다며 믿지 못하는 양육자도 있다. 그래서 어떻게든 통제하려고 컴퓨터나 스마트폰을 쓰지 못하게 안간힘을 쓰고 있다. 하지만 양육자가 24시간 아이들을 관리할 수는 없다. 메타버스는 양육자가 아무리 차단하려고 해도 막을 수 없으며 아이들이 그대로 다 지키는 것도 아니다.

《피노키오》 동화의 제페토 할아버지와 피노키오를 생각해보자. 창작자(제페토)의 의도로 피조물(피노키오)을 만들었다고 해서 그 피조물이 꼭 창작자의 뜻대로 움직이지는 않는다. 양육자는 자기 뜻대로 아이들을 교육하는 게 아닌, 아이들이 스스로 분별하고 판단하는 능력을 기르도록 교육해야 한다. 이런 분별력을 기르기 위해서는 양육자가 아이와 함께 메타버스에 적응해야 한다.

메타버스 세상에서 아이와 함께 활동하기

앞으로 메타버스 세상에 적응하지 못한다면 아이들과의 격차는 현격히 벌어질 것이다. 그래서 나는 여러분에게 지금 당장 메타버스를 시작하라고 권한다. 그런데 당장 시작한다고 해서 바로 잘할 수 있을까? 당연히 아니다. 영어, 운동, 게임 모두 마찬가지로 첫 시작은 어렵다. 메타버스 세상도 하나씩 배우며 '레벨 업'을 한다고 생각한다면 더 수월할 것이다.

우선 메타버스를 시작했다면 아이와 함께하는 게 가장 좋다. 활동하다가 막히는 게 있다면 아이를 도와주거나 양육자가 도움을 요청해도 좋다. 메타버스는 수평적 문화에서 진행되며 나이와 상관없이 전 연령이 소통하고 유대감을 형성하는 곳이기 때문이다. 메타버스에서 아이가 양육자에게 알려주거나 도움을 주면 아이의 문제 해결력과 자아존중감도 높아질 수 있다.

양육자보다는 아이가 훨씬 더 빠르게 메타버스 세상에 대해 알아가고 적응할 것이다. 처음에는 아이에게 배운다는 생각으로 접근하자. 해보고 안되면 다시 수정하고 도전해서 메타버스 세상에 대해 하나씩 이해하고 적응해가면 된다. 아이와 함께하며 배우고 활동하는 모든 과정이 메타버스 성교육이다.

메타버스에 적응하고 소통하다

자주스쿨은 메타버스에 적응해 활발하게 활동을 하고 있다. 제페토, 이프랜드, 게더타운 등 다양한 플랫폼을 사용한다. 참여자들은 아바타로 참여하기에 현실보다 부담을 덜 느끼고 적극적으로 의사 표현을 한다. 강의를 마치자 아이들은 "너무 재미있고 특별한

메타버스 플랫폼 '제페토'에서 사용하는 아바타(좌: 김민영 아바타, 우: 이석원 아바타)

성교육이었어요. 기억에 오래 남을 것 같아요.", "아바타로 만나니깐 성에 관해 대화하고 소통하는 게 좀 더 편안했어요"라며 후기를 남겨주었다.

나는 10대 아이들에게 유익하고 올바른 성 지식을 알리기 위해 대표적인 메타버스 라이프로깅 세계인 '틱톡'을 운영하고 있다. 성교육에 관해 영상을 올리기 시작한 지 몇 개월 만에 팔로워가 6만 명을 돌파했다. 수백만 회가 넘는 조회수를 기록한 영상도 있었으며 10대 아이들의 반응이 폭발했다.

아이들은 "대한민국 성교육, 이분처럼 제대로 확실하게 얘기해줬으면", "덕분에 몰랐던 사실들을 배워서 너무 감사합니다. 유익하고 좋은 성 정보를 전달해주셔서 너무 좋아요. 앞으로도 계속 쭉 부탁드려요" 등 수천 개의 응원 댓글을 남겼다.

실제 양육자 성교육에서 틱톡에 관해 설명하자 몇몇 양육자님들은 직접 틱톡 앱을 설치하고 아이들과 소통하기 시작했다. 처음에는 적응하기가 어려웠는데 점점 하다 보니 익숙해졌고 아이와 틱톡에서 나오는 성교육 영상을 주제로 대화를 나눌 수 있었다고 전했다.

나는 이렇게 직접 메타버스 세상으로 들어가 적응하고 메타버스 성교육을 통해 아이들의 마음의 문을 활짝 열었다. 메타버스를 피하지 않고 활용한 덕분에 즐겁게 아이들과 소통하고 더불어 성교육도 알차게 진행할 수 있었다.

메타버스에 적응하고 '반응'하라

프랑스의 작가이자 비평가인 조제프 주베르(Joseph Joubert)는 "아이에게 비평보다는 몸소 실천해 보이는 모범이 필요하다"라고 말했다. 이제 메타버스 세상에 대해 걱정하거나 비판하기보다 우리 어른들이 적응해 모범을 보이는 건 어떨까? 물론 먼저 모범을 보인다는 것은 정말 쉽지 않은 일이다.

자주스쿨 강사들 또한 새로운 세계에 적응하는 게 쉽지 않았다. 생전 해본 적도 없었던 메타버스 플랫폼에 적응하느라 애를 많이 먹었다. 그래도 아이들과 조금이라도 대화하고 소통하기 위해 도전했다. 그리고 적응의 어려움은 떠오르지 않을 정도로 큰 보람을 느낄 수 있었다. 이렇게 우리 어른과 양육자가 먼저 발을 내디디고 적응하면 아이들도 한 발짝 우리에게 가까이 올 것이다. 우리가 메타버스 세상에 들어가 적응하면 아이들은 기꺼이 '반응'한다. 메타버스를 피하지 말고 들어가 아이들과 함께 놀고 관계 형성을 하기 바란다. 이제 어른이 먼저 메타버스 세상에 적응해 아이들이 안전하게 누릴 수 있도록 준비하자.

어른들이 만드는 안전한 메타버스 성문화

안전하고 올바른 메타버스 성문화를 만들기 위해서는 어떤 준비가 필요할까? 무엇보다 우리 어른들의 메타버스 성문화 의식이 크게 변화되어야 한다. 특히 메타버스 성문화에 대한 밀도 높은 이해와 높은 윤리 의식을 갖는 것이 중요하다. 반드시 성인지 감수성과 인권을 토대로 메타버스 세계를 구축하고 관리해야 한다. 그리하기 위해서는 가정뿐만이 아니라 플랫폼 기업, 지역사회, 정부도 시스템을 마련하고 똘똘 뭉쳐 연대해야 한다.

양육자와 아이 모두 필요한 디지털 디톡스

올바른 메타버스 성문화를 위해 가정에서 할 수 있는 일은 무엇일까? 직접 메타버스 세상으로 들어가는 방법도 있지만 반대로 그 세계에서 나와 끈끈한 유대감을 형성하는 것도 필요하다. 현실에서의 끈끈한 유대감 없이는 메타버스 세상에서도 소통이 불가능하기 때문이다.

우선 온라인 세상에서 벗어나 디지털 디톡스를 통해 현실에서 아이와 친밀한 관계 형성을 해야 한다. '디지털 디톡스'는 디지털(digital)에 '몸 안의 독소를 없애는 일'이라는 뜻의 디톡스(detox)가 결합한 용어다. '디지털 단식'이라고도 부르는 이 요법은 몸속의 독소나 노폐물을 빼내듯이 디지털 기기 사용을 중단해 심신을 치유하고 회복하는 걸 말한다. 디지털 홍수와 중독에 빠진 현대인들에게 필요한 처방 요법이다.

조화순 연세대 정치외교학과 교수는 "네트워크로 연결된 현대사회는 디지털 위험 사회이다. 특히 디지털 피로감과 감시 사회, 불신의 사회 등 여러 가지 사회적 문제를 일으킨다. 이러한 디지털 위험을 해소하기 위해서 시민 사회가 능동적으로 참여하는 '디지털 디톡스 운동'이 필요하다"라고 말했다.

지금처럼 온라인으로 잘못된 성표현물을 빛보다 빠르게 접하는 시대도 없다. 점점 초고속이 될 것이며 문제는 더 심각해질 것이다. 그래서 디지털로 접하는 독소와 노폐물을 빼는 디지털 디톡스가 필요하다. 온라인 메타버스 세상에서 벗어나 현실에서 사랑, 애착, 유대감을 비롯한 관계 형성이 필요하다.

세계적인 IT 회사인 구글의 전 회장 에릭 슈밋(Eric Schmidt)도 디지털 디톡스의 필요성을 강조했다. 그는 "인생은 모니터 속에서 이뤄질 수 없다. 하루 한 시간만이라도 스마트폰과 컴퓨터를 끄고 사랑하는 이의 눈을 보며 대화하라"라고 강조했다. 에릭 슈밋이 말한 것처럼 하루 한 시간, 아니 10분이라도 스마트폰에서 벗어나 아이와 눈을 보며 대화하고 있는가 생각해보자.

디지털 디톡스로 끈끈해진 양육자와 자녀

디지털 디톡스를 통해 아이와 끈끈한 관계를 형성한 보건 선생님이 있다. 초등학생 남매를 양육하고 있는데 주말이 되면 정기적으로 디지털 디톡스를 하고 있다. 얼마 전 딸이 메타버스 게임을 하다가 성적인 대화를 나누는 것을 보고 충격을 받아 시작했다고 한다.

이 가정은 주말 중 하루를 '스마트폰 프리 데이(Smartphone Free Day)'로 만들었다. 이날이 되면 네모난 통에 양육자 두 사람이 먼저 스마트폰을 넣어놓는다. 그리고 아이들의 스마트폰도 넣어 꺼내지 못하도록 자물쇠로 잠근다. 그날은 네 식구 모두 스마트폰 없이 하루를 보낸다. 집 근처를 돌아다니거나 밖으로 캠핑을 가는 등 여행을 다녀오며 추억을 만들고 있다.

'스마트폰 프리 데이'를 만든 보건 선생님은 이렇게 말했다. "디지털 디톡스를 통해 잠시나마 스마트폰에서 벗어나 아이들과 행복한 추억을 차곡차곡 쌓고 있어요. 예전에 아이들은 어딜 가든지 스마트폰으로 메타버스 게임을 하느라 집중하지 못하고 딴청을 피웠어요. 그게 너무 싫어 통제하고 화를 내니 싸우는 게 일상이었는데, 알고 보니 저도 아이들 앞에서 스마트폰을 하고 있더라고요. 딸아이 사건도 있고 저도 반성하는 의미에서 시작했습니다. 저희나 아이들이나 처음에는 적응하느라 힘들었어요. 무의식적으로 스마트폰을 찾고 불안을 느꼈거든요. 근데 이런 날을 세 번 넘게 보내니 어느새 조금씩 적응하고 자연스러워졌습니다. 이제는 저와 남편뿐만 아니라 아이들도 이날을 손꼽아 기다리고 있어요. 우리 양육자가 먼저 스마트폰을 보지 않고 모범을 보이니 아이들도 잘 따라와주네요. 생각할수록 정말 탁월한 선택이었습니다."

이 책을 보는 여러분도 주말에 '스마트폰 프리 데이'를 만들어보는 것은 어떨까? 하루가 아니어도 된다. 단 30분, 1시간 만이라도 스마트폰 없이 아이와 밥을 먹거나 카페에서 대화를 나눠보자. 잠시 산책을 다녀오는 것도 아주 좋은 방법이다. 쉽지 않겠지만 온라인에서는 채워지지 않는 밀도 높은 유대감이 형성될 것이다. 그 보건 선생님은 아이의 스마트폰을 통제하기 전에 자신부터 안 하는 것이 중요하다고 했다. 아이들에게 스마트폰을 하지 말라면서 정작 본인이 한다면 아무 소용이 없기 때문이다.

디지털 디톡스를 통해 메타버스와 현실에 대한 분리 감각과 유대감을 길러보자. 그래야 아이들이 메타버스 세상에 너무 빠져들어 중독되지 않는다. 메타버스에서 활동하는 것도 좋지만, 메타버스 자체가 우리의 삶을 대체하지는 않아야 한다. 그래서 우리는 더욱 현실 세계의 삶에 집중해야 한다. 그래야 만에 하나 무슨 일이 일어나도 아이들이 양육자와의 대화를 선택할 것이기 때문이다.

힘을 합쳐 안전한 메타버스 성문화 만들기

"한 아이를 키우려면 온 마을이 필요하다"라는 아프리카 속담이 있다. 여기에서 말하듯 한 아이가 온전하게 성장하도록 돌보고 가르치는 일은 가정만의 책임이 아니다. 이웃을 비롯한 지역사회, 기업, 정부 또한 관심과 애정을 가져야 한다. 메타버스 세상에서 아이가 건강하게 성장하기 위해서는 다양한 공동체의 노력과 연대가 필수적이다.

특히 메타버스 플랫폼을 만드는 기업의 더 적극적인 노력이 필요하다. 메타버스 서비스를 설계하고 소비자에게 제공하는 기업에도 큰 책임이 있기 때문이다. 메타버스 플랫폼 기업들의 관리와 감독이 소홀할수록 아이들은 위험에 노출될 수밖에 없다. 플랫폼 관계자부터 성인지 감수성을 가지고 메타버스에서 소통과 안전망을 구축해야 한다. 아바타 인권교육을 체계적으로 해 혐오가 아닌 '존중'의 메타버스 성문화를 만들어야 한다.

성범죄 정황이 발견될 때는 가차 없이 가해자 계정을 차단하거나 삭제·중지해야 한다. 메타버스 내에서 직접 신고할 수 있도록 신고의무제도를 도입하고 문제가 발견되면 수사가 원활히 이뤄지도록 방안을 마련해야 한다. 메타버스 플랫폼의 안전성이 강화되어야 아이들이 마음 놓고 자유롭게 활동할 수 있다.

메타버스 플랫폼은 국가 간의 경계를 초월한다. 메타버스 성범죄는 전 세계에 걸쳐 일어나기 때문에 국제 공조 플랫폼과 수사기관의 적극적인 개입이 중요하다. 국경 없는 온라인 공간에서 이뤄진다는 점을 고려해 국제 수사 공조 체계가 반드시 마련되어야 한다. 메타버스 내의 성범죄는 신종 범죄이기 때문에 관련 통계가 거의 없거나 미비하다. 그렇기 때문에 시스템 마련을 위한 범죄 현황, 신고율 등을 파악할 수 있는 정기적 실태조사도 필요하다.

가장 중요한 것은 '메타버스 세계를 온전히 지키기 위해 활동하는 사람들 모두 함께 질서를 만들고 지키는 것'이다. 우리 어른들이 올바른 메타버스 성문화를 만든다면 아이들은 자연스럽게 따라오고 지킬 것이다. 아이들이 안전한 메타버스 환경에서 활동할 수 있도록 촘촘하고 단단한 안전망을 함께 마련하자.

에필로그

한국의 성문화가 슬픔보다 '기쁨'이 넘치길 바라며

10년간 현장에서 약 7,000회가 넘는 교육과 상담을 진행했다. 워낙 많이 진행하다 보니 가끔 기계적으로 성교육을 한다고 느낀 적도 있었다. 그러던 어느 날 '왜 나는 성교육을 할까?'라는 생각이 내 머릿속을 파고들어 계속 맴돌았다. 이 생각이 머릿속에서 떠나지 않자 머리가 지끈거릴 정도로 아프고 힘들었다. 그래서 그 이유(Why)에 대해 미친 듯이 찾아 헤맸다. 만약 찾지 못하면 자동차의 연료가 다 떨어지듯이 그대로 멈출 것만 같았다. 나와 인생에 대해 고민하는 또 한 번의 사춘기가 왔다.

사춘기의 한자를 살펴보면 '생각 사(思)', '봄 춘(春)', '기약할 기(期)'다. 즉 사춘기는 바로 아름다운 봄에 대해 생각하고 기약하는 시기다. 단순히 반항하거나 중2병의 시기가 아니다. 사춘기는 인생에서 나의 존재와 이유에 대해 진지하게 돌아보고 생각하는 중요한 시기다.

무작정 스마트폰을 집에 두고 혼자 며칠간 공기 좋은 자연이나 경치가 아름다운 호텔로 떠났다. 그곳에서 나의 존재 이유와 성교육을 시작한 본질에 대해 책을 읽으며 깊이 성찰했다. 그리고 내가 성교육을 10년간 할 수 있었던 이유에 대한 글을 수십 장 써 내려갔다. 그리고 나를 통해 변화되었던 사람들의 후기를 다시 천천히 들여다보았다. "강사님 덕분에 아이와 성에 관해 자연스럽고 즐겁게 대화할 수 있었어요.", "성교육을 받으니 아이뿐만 아니라 부부관계도 좋아지고 가정에 기쁨과 행복이 찾아왔습니다."

나를 만났던 수많은 사람의 놀라운 성장과 기쁨을 다시 또렷하고 생생하게 볼 수 있었다. 내 성교육을 받고 행복해진 사람들을 떠올리며 드디어 'Why(사명)'를 찾았다. 그건 바로 '성(性)의 기쁨을 전달하는 사람이 되는 것'이다.

> 이석원은 하나님의 사랑의 통로로서 성교육을 통해 세상 모든 사람이 특기(특별한 기쁨)를 누리도록 기여한다.

성교육은 개인의 행복뿐만 아니라 가정 더 나아가 사회 전체의 행복도 좌우한다. 성에 관해 기쁨이 넘치는 세상이 되려면 개인의 변화뿐만 아니라 전반적인 사회 구조 변화가 필요하다. 자주스쿨은 그 구조를 변화시키고 개인과 사회의 평등하고 안전한 성문화를 정착시키기 위해 존재한다.

강의할 때마다 항상 문제를 피하지 말고 '직면'해야 한다고 말한다. 다가오는 메타버스 세상이 막막하고 두려울지 모르지만, 용기 있게 직면하고 준비한다면 분명 지혜롭게 해결할 수 있을 것이다. 메타버스뿐만 아니라 한국의 성문화가 슬픔보다 '기쁨'이 넘치길 정말 진심으로 소망한다. 양육자와 아이가 안전하고 행복하길 바라는 간절한 마음으로 이 책을 집필하게 되었다. 자주스쿨도 여러분과 함께하며 한국의 메타버스 성문화가 기쁨이 넘치도록 밤낮없이 달릴 것이다.

2020년《세상 쉬운 우리 아이 성교육》, 2021년《아들아 성교육 하자》를 출간하고 2022년 어느덧 세 번째 책까지 쓰게 되었다. 이렇게 책을 쓸 수 있었던 건 전국 어디서든지 열렬히 응원해주시는 양육자님들 덕분이다. 이 자리를 빌려 온 기쁨을 담아 진심으로 뿅뿅뿅! 감사드린다. 이 책을 읽는 여러분도 삶 속에 기쁨과 사랑이 넘치길 엔젤미남 이석원 강사가 깐따삐야! 응원한다.

마지막으로 나의 모든 것이자 창조주이신 하나님께 감사드린다. 앞으로 어떤 시련이 와도 예수 그리스도의 사랑과 마음을 본받아 세상에 '기쁨'을 전하는 사람이 될 것이다. 이 책을 읽은 여러분도 빵끗 ^.^ 웃으며 기쁨과 행복이 넘치기를 바란다.

> 주께서 생명의 길을 내게 보이셨으니 주 앞에서 내게 '기쁨'이 충만하게 하시리로다 하였으므로
>
> – 〈사도행전〉 2장 28절

2022년 6월

우주에서 단 하나뿐인 기쁨이 넘치는 존재, 이석원

에필로그

우주를 키우는 양육자들에게 또 하나의 등불이 되길 바라며

작년, 이 책을 처음 기획할 때 내가 노력했던 부분은 메타버스에 대해 공부하고 확신을 갖는 것이었다. 사실 나 또한 메타버스에 대해 큰 관심을 가지고 살지 않았던 터라 메타버스 시대에 대한 고민을 심각하게 해보지 않았다. 그 고민을 비로소 시작하게 된 계기가 바로 이 책의 기획이었다.

모르면 용감하다고 했던가. 메타버스를 IT 기술의 영역, 투자의 영역으로만 생각했던 나는 공부를 하면 할수록 답답해지는 가슴을 어루만져야 했다. 아무 준비 없이 메타버스 시대를 맞이했다가 어떤 일이 벌어질지 어렴풋이만 느끼던 지난 시간이 아찔하게 느껴졌다. 내가 왜 진작 이 생각을 깊게 하지 못했을까. 아니나 다를까, 책을 준비하는 동안 하루에도 몇 건의 메타버스 성범죄가 뉴스에 나왔고 날이 갈수록 심해지고 있지만 우리 아이들을 보호해줄 법은 아직도 만들어지지 않고 있다.

책을 준비하면서 공부를 하면 할수록 메타버스 시대에 우리 아이들 성교육을 어떻게 하면 좋을지에 대한 깊은 고민에 빠졌다. 메타버스 시대를 떠나서 아직 성교육을 필수 교육으로 인식하도록 만드는 것도 갈 길이 먼데, 코로나19로 인해 빠르게 우리 생활을 파고든 메타버스가 야속하기까지 했다. 그러나 현실을 직시하기로 했다. 성교육 전문가로서 상황 파악을 제대로 하고 양육자들이 못 보는 부분을 알려주고 방법을 제시해주며 함께 나아가야 하는 것이 나의 역할이기에 더 열심히 공부하고 원고를 준비했다.

이 책을 기획할 때 결혼을 하게 됐고, 결혼을 하고 나니 진지하게 출산과 양육에 대해 생각도 해야 했다. 그러다 보니 자녀 양육이라는 부분이 남 일처럼 느껴지지 않았다. 부모로서, 양육자로서 아이들을 키워낸다는 것은 자기 자신을 갈아 넣어야 하는 일이고, 하루에도 수십 번 자신의 한계를 넘어서야 하는 일이라는 것이 피부로 느껴지기 시작했다. 그러면서 생각했다. 메타버스 시대가 온다는 것을 빠르게 알려야겠다고 말이다. 양육자들과 함께 우리 아이들이 살기 안전하고 건강한 사회를 만들기 위해 노력해야 하는 마지막 기회일지도 모른다는 생각이 들었다.

세상이 너무 빠르게 변하고 있다. 그래서 양육자 교육을 할 때마다 빨리 준비하고 개입해야 한다고 잔소리를 늘어놓게 된다. 이 책을 쓰면서도 내심 마음에 걸리는 부분이 있었다. 너무 심각한 이야기를 하면서 겁만 주는 것은 아닐까 싶어 양육자들에게 미안한 마음이 앞섰다.

이 책의 원고를 마무리하며 성교육 전문가로서 양육자에게 전하고 싶은 진짜 메시지를 정리할 수 있었다.

제가 함께하겠습니다. 자주스쿨이 함께하겠습니다. 그러니 양육자님들도 우리 아이들이 건강하고 안전하게 자랄 수 있도록 조금만 더 힘을 내서 손을 맞잡아주세요. 함께한다면 메타버스 시대가 와도 우리 아이들을 충분히 건강하게 키워낼 수 있습니다.

두려워하면서 머물러 있지 않았으면 한다. 전문가를 충분히 활용하며 함께 힘을 모을 수 있다면 좋겠다. 나의 책 《우아한 성문답》, 《딸아 성교육 하자》에 이어 이 책이 우주를 키우는 모든 양육자들에게 또 하나의 등불이 되길 간절히 바란다.

2022년 6월

선물같은 성(性)을 전하는, 김민영

자주스쿨이란?

자(自)주(主): 자유롭게 생각하고, 주체적으로 살아가다.

자주스쿨은 유아부터 노년까지 전 생애에 걸쳐 바른 성 지식 습득과 성의식 제고를 도와 사회의 밝고 안전한 성문화 정착을 이끌어가는 성교육·성상담 전문 기관이다. 성교육의 대중화를 목표로 하고 있으며, 전국에 있는 전 연령을 대상으로 교육과 상담을 진행하고 있다.

자주스쿨 프로그램 소개

1. 1:1 개인 성교육 컨설팅

상황에 따라 개인적인 상담 및 교육이 필요한 분들을 대상으로 전문적인 컨설팅을 진행한다. 기본적인 성교육뿐만 아니라, 성과 관련된 심리적 어려움이나 고민을 전문가와 함께 해결해나갈 수 있도록 돕는다.

2. 하브루타 성교육

하브루타 토론법을 성교육에 적용해 성에 대한 다양한 토론과 대화를 할 수 있도록 돕는 프로그램이다. 연령별, 주제별로 프로그램 진행이 가능하며, 가족 모두가 함께 참여할 수도 있다. 하브루타 성교육은 성적 대화 훈련뿐만 아니라 성에 대해 생각하는 힘을 길러준다.

3. 메타인지 성교육

성에 관해 주체적으로 판단하고 분석하는 능력을 길러주는 성교육이다. 피교육자 스스로 자신의 성 인식을 점검하고 고민할 수 있도록 코칭하기 때문에 성에 관한 궁금증이나 문제가 생겼을 때 건강하고 안전한 방법으로 해결하는 힘을 기를 수 있다. 다양한 체크리스트를 통해 현재 상황을 점검하고 노력해야 할 부분에 대해 디테일하게 코칭한다.

4. 메타버스 성교육

메타버스 플랫폼을 활용해 성교육을 진행한다. 아동·청소년들이 좋아하는 메타버스를 활용해 흥미를 유발하고 성교육의 효과를 증대시킨다. 양육자들의 경우 어렵고 낯설게 느껴질 수 있는 메타버스 사용법부터 활용법까지 익히도록 한다. 아이들뿐만 아니라 어른에게도 메타버스 안에서 성에 관한 대화와 소통을 통해 메타버스의 순기능을 경험하게 한다.

5. 소그룹 성교육

8세부터 19세까지 2~6명의 또래로 구성된 소그룹으로 진행하는 성교육이다. 일반 성교육과 달리 교육 대상의 성장 상태, 지식수준에 따라 필요에 맞는 적절한 교육을 진행한다. 자녀 성교육과 양육자 피드백 시간을 합쳐 총 100분 동안 진행한다. 장소는 자주스쿨에서 하거나 출장 교육도 가능하다. 교육자와 학습자 간의 상호작용이 원활해 단체 성교육보다 더 실질적이고 효과적이다.

6. 자주스쿨 성교육 전문 강사 양성 과정

대한민국의 밝고 안전한 성문화 확산을 위해 자주스쿨이 진행하는 성교육 전문 강사 양성 과정이다. 자주스쿨 강사뿐만 아니라 각계각층의 전문가들을 모셔 다양하고 깊이 있는 교육을 진행한다. 특히 성에 관한 민감성을 가지고 사회 흐름을 반영한 교육을 진행하기 위해 노력하고 있으며, 전문성을 갖춘 성교육 강사를 양성하기 위한 전문 과정이다.

문의

전화번호: 02-583-1230 / 카카오톡: 자주스쿨 / 유튜브: 자주스쿨
홈페이지: jajuschool.com / 네이버 카페: cafe.naver.com/jajuschool
블로그: blog.naver.com/jaju_school
주소: 서울특별시 동작구 동작대로1길 18, 307호

북큐레이션 • 내 아이를 사랑으로 키우고 싶은 부모들을 위한 책

《지금 해야 늦지 않는 메타버스 성교육》과 함께 읽으면 좋은 책. 부모가 이해와 공감으로 아이에게 사랑을 줄 때 가장 건강한 가정을 만들 수 있습니다.

아들아 성교육 하자

이석원 지음 | 14,300원

'아이 방에서 콘돔이 나왔어요!'
아들과 공감하며 현명하게 대처하는 성교육 지침서

양육자들은 언제나 고민이다. 아들을 키우면서 성에 대해 뭔가 생각하지 못했던 상황이 되면 불안하고 어떻게 해야 할지 고민이다. 특히나 여성 양육자는 성별이 달라서 아들의 신체 변화에 대해서는 더욱 난감하다. 이 책은 남자아이와 성을 주제로 소통하는 방법을 담고 있다. 양육자들이 성교육에 관해 궁금해하는 것들을 질문과 답변 형식으로 풀었으며, 성에 대한 아이들의 궁금증 또한 해소해주는 종합안내서다. 몽정과 자위부터 포경수술, 콘돔, 음란물 시청 등 주제별로 아이와 어떻게 대화해야 하는지 알려준다.

딸아 성교육 하자

김민영 지음 | 14,300원

'아이의 알몸 사진이 인터넷에 돌아다니는데 어떡하죠?'
잘 배운 성교육이 우리 아이를 지킨다!

이 책은 성교육의 필요성을 느끼고 있지만, 여전히 딸과 성 이야기를 꺼내는 것이 민망하고 어려운 양육자들을 위해 성교육 방법을 솔직하게 담아냈다. 유치원에서 옷을 벗고 놀았다는 아이, 월경을 너무 두려워하는 아이, 자위를 하는 아이, 섹스와 임신에 대해 궁금해하는 아이, 자신의 음순 모양을 걱정하는 아이 등 우리 아이가 궁금해하고 느끼는 성에 대해 자연스럽게 필요한 답을 해주는 방법과 언제, 어디서, 어떻게 일어날지 알 수 없는 성범죄 예방법과 대처법을 통해 아이 본인이 스스로 자신을 지켜나갈 힘을 길러주는 방법을 담아냈다.

상황별 대처 방법 7가지 수록

세상 쉬운 우리 아이 성교육

이석원 지음 | 13,800원

아이의 거침없는 질문에 난감한 부모들을 위한 난생처음 내 아이 성교육하는 법!

저자는 엄마인 여자는 절대 모르는 아들 성교육하는 법을, 남자인 아빠는 절대 상상할 수 없는 딸 성교육하는 법을 하나부터 열까지 친절하게 설명한다. 아들의 몽정과 자위를 엄마가 알고 딸의 생리를 아빠가 알게 된다면 저녁 식탁에서 가족들이 자연스럽게 성관계와 성 평등, 아이들의 성문화까지 이야기하는 분위기를 이어갈 수 있다. 저자는 성교육의 필연성을 주장하는 데 그치지 않고 신뢰할 만한 근거와 통계를 담아 최신 트렌드를 반영한 성교육의 실전을 들려준다. 유아부터 10대까지 한 권으로 끝낼 수 있는 부모 성교육 교과서라 할 만하다.

가족과 함께하는 감정 놀이 수록

최고의 부모

주경심 지음 | 17,000원

20세기형 부모로는 21세기를 살아낼 수 없다 우리의 자녀들을 지키려면 부모가 달라져야 한다!

17년차 베테랑 초등교사가 임산과 출산, 육아를 거치며 자신이 이 일에 적성 이 책은 부모의 가치관을 점검하고 지도자가 아닌 부모가 되어주는 방법, 아이가 지혜를 얻고 스스로의 본질을 깨닫는 방법, 우리 아이가 21세기에 맞게 미래를 준비하는 방법 등을 담고 있다. 아울러 아이들의 표현법을 똑바로 이해하고 마주하는 방법도 담았다. 우리 아이가 주도적으로 자신의 미래를 만들어나가고 빠르게 변해가는 세상에 자신만의 '문제해결력'을 가지고 살아가길 바란다면 이 책을 통해 21세기에 맞는 부모 역할에 혁명을 일으켜야 한다! 최고의 부모가 되는 '혁명'은 여기서 시작된다!